Ils ont beau s'être [illegible] Vilnius, ces exilés biélorusses ne se sentent pas en paix dans la capitale lituanienne. Ils craignent d'être empoisonnés par les espions du dictateur Loukachenko. Au sein même de l'Union européenne, ou plutôt à ses confins, sur cette bande de terre qui vient grignoter les franges de l'ancienne Union soviétique, et qui hésite encore entre l'Est et l'Ouest. Aux marges de l'empire, et de la loi. Ainsi en Ukraine, un oligarque peut se faire passer pour mort, puis acquérir un château en Bourgogne, ouvert à la visite. L'homme a bien failli ne jamais être démasqué. Mais il ne payait pas ses jardiniers… Les habitants de Transnistrie, région irrédentiste de Moldavie, se retrouvent, eux, coincés par la guerre voisine, privés de leur accès à la Russie, qui possède sur leur sol un vaste stock de munitions datant de la Seconde Guerre mondiale. Pour l'instant, les protagonistes maintiennent prudemment le statu quo. Jusqu'à quand ? La Moldavie négocie déjà avec Bruxelles. Dans ce numéro, nous avons envie de vous embarquer, deux ans après le début de la guerre en Ukraine, dans cette zone grise qui cristallise les questionnements sur le basculement vers l'est de l'Union européenne et la volonté russe de s'étendre, à l'ouest. Entre deux blocs héritiers de leur passé. D'héritages, il est question tout au long de ce numéro, vous le verrez. D'une fille qui reprend la ferme de son père. D'un palmier sans descendants. De grands-pères braqueurs… Bonne lecture.

Elsa Fayner, rédactrice en chef

Sommaire

Page 18

Page 48

Page 88

Page 122

COURRIER DES LECTEURS

La passion de l'art

Hier soir, je me suis rendue à la rencontre avec Aurélie Champagne, organisée par la librairie du Pincerais à Poissy. J'avais lu enfin son livre *La part du chien* (éd. XXI, mars 2023) dans l'après-midi. Donc c'était frais dans ma mémoire. Elle a la passion de son art chevillée au corps ! Tout le monde était suspendu à son discours. Ça faisait du bien d'entendre du positif, dans cette journée morose de feux et de destructions (le centre de loisirs de mon quartier, tout neuf, venait d'être réduit à néant par les flammes !)

MARIE-LYSE

La plongée

Bonjour, c'est Yuna, ancienne bénévole à la ferme de Baudonne. Je viens de lire l'article « Semis liberté », qui m'a replongée dans la ferme et son ambiance. Merci beaucoup pour la justesse de vos mots.

Un lourd héritage

J'ai été très émue par l'histoire que nous livre Marion Rousset dans l'article « Au nom de la mère » de votre numéro d'hiver. Parce que, lorsqu'on parle de féminicide, on parle rarement de ceux qui restent : les enfants. Comment vivre avec un père meurtrier et une mère qui disparaît brutalement (dans tous les sens du terme) ? On le comprend dans cet article : c'est un lourd héritage qu'on doit porter jusqu'au bout. Et quel courage de le transmettre à ses propres enfants. ZOÉ

“

Tout, intégralement tout, dans ce dernier numéro d'hiver (nº 63) est incroyable. Le reportage photo sur des femmes sortant de prison m'a tiré des larmes, ainsi que celui du paysan béarnais reparti au Mexique, mais aussi le kebab, l'homme intermittent médiéval avec son armure, les puces électroniques, la réinsertion des femmes par le jardinage, tout, tout, tout. Ça m'a tenue éveillée pendant tout un trajet de retour en train dans mes pénates malgré la fatigue. JUDITH

”

La vie rêvée des statues

Votre article sur « Le fantôme du Quai Branly » a résonné très fort avec un travail qui était pourtant derrière moi. J'enseigne le français dans un collège de Seine-Saint-Denis et, chaque année, avec le réalisateur Romain Fianu, nous élaborons un projet pour aboutir à la création, par une classe, d'un film documentaire. Il y a deux ans, nous avons choisi de travailler avec des élèves de 4e sur la restitution du patrimoine africain. Au bout d'un an de documentation, visites et rencontres, nous avons réalisé un film de quinze minutes, *Les statues vivent aussi*, dans lequel les élèves, très sensibles à la dimension spirituelle des objets découverts (et en particulier du boli dont il est question dans votre article), ont choisi de faire parler les statues dans des textes qu'ils et elles ont écrits. LUCIE

Suivez ce lien pour regarder le film *Les statues vivent aussi*.

La moitié du boulot

Je lis le « Travail au corps » du numéro 63 de votre revue. Je suis intéressée par l'interview d'Olivier Binder, historien, comédien, cascadeur formidable... qui vit et travaille avec une personne comédienne, cascadeuse... qui n'a pas de nom. Bravo à cette dame qui doit faire la moitié du boulot, voire plus, mais qui n'a pas l'honneur d'être citée. C'est *« sa femme »*, c'est bien suffisant. Y a encore du boulot ! L. P.

XXI Nous n'avons en effet pas mentionné le nom de l'autre membre du duo, Coline Maenner, et uniquement son pseudonyme de chevaleresse. Mais il est vrai que sans l'engagement de cette spécialiste des cascades, du tir à l'arc et du cheval, cette compagnie médiévale n'existerait pas !

Fidèle

Je suis avocate spécialisée en droits de l'homme, actuellement basée en Irak, où je travaille sur les crimes commis par l'État islamique, notamment les violences sexuelles. Certaines de mes enquêtes actuelles portent sur les sunnites sous Daech et je tenais à vous dire que l'article sur la petite fille sans identité officielle (« Djihadistes, leurs enfants après eux », *XXI* n° 62) était vraiment bien fait. Il relate fidèlement des situations que je côtoie sur le terrain, si difficiles à imaginer. D.

De quoi le bégaiement est-il le nom ?

En dépit de la qualité excellente de vos productions, j'ai été quelque peu alertée par le sous-titre de votre reportage sur « Le fantôme du Quai Branly » (*XXI* n° 62). Écrire *« une statue hantée qui fait bégayer la science »* est problématique. Le bégaiement n'est pas synonyme d'hésitation et encore moins le signe d'une difficulté à formuler ses pensées, à exprimer des conclusions. Dire que la science bégaie n'a donc aucun sens, et participe à diffuser une vision erronée de cette particularité partagée par 700 000 Françaises et Français. Je suis certaine que l'erreur n'était pas intentionnelle, et qu'elle est à imputer à un abus de langage sans mauvaise intention. Mais je suis convaincue que c'est en ouvrant la discussion et en nommant les erreurs blessantes que ces dernières disparaîtront du langage courant. T.

XXI Merci pour votre message et votre vigilance. Nous comprenons votre réaction, mais le Larousse et Le Robert sont formels, le mot *« bégayer »*, dans son deuxième sens, est bel et bien synonyme d'une expression hésitante. Cependant, vous avez raison, si son emploi dans le langage courant est blessant pour certaines personnes, alors il est nécessaire de militer pour la restriction de son utilisation.

Marchera, marchera pas...

LE DÉFENSEUR DU TEMPS, AUTOMATE MONUMENTAL DU QUARTIER DE L'HORLOGE À PARIS, CONNAÎT DES PÉRIPÉTIES EN SÉRIE. NŒUD DU PROBLÈME, SON ENTRETIEN ET SA MAINTENANCE.

C'EST UNE HORLOGE PARTICULIÈRE, MI-HOMME MI-DRAGON, CENSÉE INCARNER LA MODERNITÉ DU QUARTIER DE BEAUBOURG, À PARIS, DANS LES ANNÉES 1970. MAIS ELLE FUT PLOMBÉE PAR DES FIENTES DE PIGEON, ET LAISSÉE À L'ABANDON. JUSQU'À CE QUE QUATRE IDÉALISTES ŒUVRENT À SA RÉSURRECTION, EN 2022.

Par Catherine de Coppet
Illustrations Laurent Bourlaud

Les grands horlogers

N° 62 Il avait passé près de vingt ans à l'arrêt, et il s'en est fallu d'un cheveu pour que l'histoire se répète. En août dernier, six mois à peine après sa remise en service, *Le Défenseur du Temps*, l'automate monumental du quartier de l'Horloge à Paris, a vu son mécanisme débranché par la société Prêtre et Fils. « *Si j'avais su que ça se terminerait comme ça, jamais je ne me serais engagé dans le projet* », déplore alors, plus que dépité, Nicolas Prêtre. *XXI* racontait cette histoire au printemps dernier : c'est à son entreprise familiale, spécialisée dans l'horlogerie monumentale, qu'avait été confiée en 2022 la rénovation de cette horloge unique qui a donné son nom au quartier. La raison de cette nouvelle suspension a été la même que vingt ans plus tôt : le manque de fonds pour assurer sa maintenance. En juillet dernier déjà, le personnage de la sculpture animée avait perdu le glaive qu'il agite normalement à chaque heure en direction des animaux. « *Apparemment il n'est pas tombé dans la structure, on ignore où il est passé* », murmure dans une voix d'outre-tombe Ulla Claude, habitante de la première heure investie dans la sauvegarde de ce patrimoine local.

Derrière ce retour à la case départ ou presque, l'incapacité pour l'ASLQH, l'association des copropriétaires à qui appartient l'horloge, de valider en amont un budget pour ces visites de maintenance. Le quartier a ceci de spécifique d'être sous gestion privée, bien que ses rues soient librement ouvertes à la circulation piétonne. Au moment de l'inauguration de l'œuvre fraîchement restaurée en février 2023, tout semblait pourtant rouler : Prêtre et Fils, entreprise installée dans le Grand Est, avait prévu d'intervenir deux à trois fois par an, pour un budget annuel de 7 000 euros, et avait formé un sous-traitant en Île-de-France, Kllip, à l'entretien courant, moyennant 23 000 euros par an. Aucun de ces deux devis n'a été entériné par l'ASLQH, ni en amont de l'inauguration, ni dans les mois qui ont suivi. Affolés à l'idée de voir de nouveau leur mascotte abandonnée, les habitants ont cherché des solutions. Ils ont obtenu un devis moindre grâce au créateur de l'automate, Jacques Monestier, qui a recontacté l'un des techniciens ayant travaillé longtemps avec lui, un certain Mathias Prévost. Des efforts qui n'ont pas porté leurs fruits tout de suite, les plus gros propriétaires de l'ASLQH – à l'instar du groupe de gestion d'actifs AEW Ciloger, bailleur du local du Leroy Merlin – faisant blocage. Contacté par *XXI*, AEW n'a pas souhaité s'exprimer, estimant qu'il « *s'agissait d'un sujet plutôt piloté par les copropriétaires d'habitation du quartier* ». Il semble cependant que *Le Défenseur du Temps* soit né sous une bonne étoile, quoiqu'un peu capricieuse. Fin novembre dernier s'est tenue la dernière assemblée générale en date de l'ASLQH qui, contre toute attente, a voté à la quasi-unanimité en faveur d'un budget de maintenance pour le défenseur et ses animaux, symboles du quartier. Pour un montant final de 19 000 euros, une paille quand le budget 2023 de l'association dépasse les 2 millions d'euros. De quoi remettre les pendules à l'heure. Jusqu'à quand ? CATHERINE DE COPPET

Un visage contre l'oubli

XXI RACONTAIT DANS SON DERNIER NUMÉRO L'HISTOIRE D'UN FÉMINICIDE. LE FILS DE LA VICTIME A TENU À PUBLIER CETTE PHOTO.

N° 63 Au moment de l'édition de son article «Au nom de la mère», la journaliste Marion Rousset nous a rappelés pour savoir s'il était possible de l'illustrer avec cette photo. Pour que Michèle Carricaburu, la mère de son compagnon – «Manu», dont elle raconte le destin tragique dans son texte – ait un visage. Cette femme a été assassinée en 1983 par son mari. «*Quand je me suis lancée dans la rédaction de l'article, Manu hésitait à l'anonymiser, mais très vite il lui est apparu que ça n'avait aucun sens d'écrire ce texte si on ne lui rendait pas son nom et son prénom*», raconte la journaliste, qui a pris pour fil rouge de son récit la volonté de son conjoint de renoncer au patronyme de son père au profit du nom de sa mère. «*Les femmes assassinées sont souvent victimes d'une double disparition – physique et symbolique – par le fait qu'on ne les nomme pas. La société n'est pas complètement sortie de cette fascination pour celui qui commet le meurtre.*»

Pour l'article, Marion Rousset a tenté de mettre la main sur le rapport de gendarmerie relatif au féminicide. «*Cela nous aurait permis d'avoir accès à l'autopsie. Manu se demandait si sa mère n'était pas enceinte au moment des faits.*» Après plusieurs démarches, et alors que son article était déjà finalisé, la journaliste a atterri au service historique de la Défense, qui lui a indiqué que le procès-verbal avait été détruit, conformément à une note à propos de toutes les archives de l'unité concernée. Ce cliché de Michèle Carricaburu a été pris dans son jardin, deux ans avant sa mort, par sa sœur, la tante de Manu, qui l'a toujours conservé. N'ayant pu intégrer cette image dans notre numéro précédent, nous avons décidé de la publier ici. C. C.

ARCHIVE FAMILIALE

Dans les yeux d'un autre

N° 60 Vous vous souvenez sans doute de Marie Léautey, cette femme hors du commun qui a lâché sa vie confortable à Singapour et son job bien payé chez Spotify pour faire le tour du monde en courant. En 2022, le journaliste et adepte d'ultra-trail Franck Berteau l'avait rejointe en Argentine pour une semaine, et en avait tiré un reportage publié dans *XXI*: «Quitter l'open space et courir». Depuis, Marie Léautey a achevé son périple et écrit un livre, *Le Monde sous mes pieds* (éd. Calmann-Lévy, 2023). «*Dès le départ, je souhaitais raconter cette expérience, en allant au-delà du blog que j'ai tenu au quotidien,* explique l'ancienne directrice financière. *Je veux transmettre ce que ce tour du monde m'a enseigné sur le moment et après coup.*» Lire le reportage dans *XXI* n'a pas été évident: «*Je n'y retrouvais pas mes émotions ni mon ressenti, mais j'ai compris que c'était le récit de l'expérience du journaliste à mes côtés. J'ai eu de bons retours, certains lecteurs m'en ont parlé aux signatures que j'ai faites pour mon livre.*» La marathonienne et le journaliste ne se connaissaient pas avant le reportage. «*Il m'a contactée, j'ai aimé son culot.*» La quadragénaire s'est remise à travailler comme directrice financière avant son prochain projet, déjà planifié pour 2025: traverser l'Afrique au pas de course. C. C.

LES DÉFRICHEURS

Le grand retournement

APRÈS AVOIR CONTRAINT PENDANT VINGT-SIX ANS LES FRANCHISÉS DE CENTRE-VILLE DE CARREFOUR À RESTER DANS L'ENSEIGNE, LE JURISTE JÉRÔME COULOMBEL FAIT DÉSORMAIS TOUT POUR LES AIDER À EN SORTIR.

On l'a longtemps surnommé *« le chien »* chez Carrefour. En tant que directeur juridique spécialiste des contentieux, Jérôme Coulombel était chargé de maintenir dans l'enseigne le réseau des 2200 franchisés Carrefour City ou Contact. C'est-à-dire d'appliquer à la lettre les contrats que le groupe leur impose. En théorie, ces contrats sont limités dans le temps, mais en pratique chez Carrefour, quand le signataire s'engage pour sept ans, il se retrouve enchaîné pour 99 ans. Un étau juridique savamment élaboré, dont l'objectif est de faire réaliser l'essentiel des marges par les franchises, face à la mauvaise santé des hypermarchés. En charge de tous les litiges, le directeur juridique a donc manié pendant deux décennies la carotte – un carnet de chèque qui assouplissait les disputes (et le bâton) des procès – avec brio. Jusqu'à ce que la coupe déborde.

Un premier déclic a lieu en 2013, à la suite d'un premier épisode dépressif. *« Je me suis progressivement rendu compte que Carrefour ne respectait rien : ni ses fournisseurs, ni ses salariés, ni surtout ses franchisés »*, lâche ce taiseux au look un brin rigide. Exemple, côté fournisseurs : une sorte de taxe imposée avant toute négociation commerciale, mise en place en 2015. Jérôme Coulombel franchit le point de non-retour en 2017, lorsqu'il commande une étude comparative des prix auxquels l'enseigne vend à ses franchisés les

ILLUSTRATION NICOLAS GALKOWSKI

produits de sa centrale. Il découvre un écart de 20 % supérieur à ce qui se pratique ailleurs. Carrefour lui propose 800 000 euros pour se taire. Il choisit de prendre la porte et se consacre, depuis, à la dénonciation du *« système »*, comme il l'appelle.

En octobre 2021, Arte diffuse un documentaire dans lequel Jérôme Coulombel témoigne à visage découvert. Carrefour réactive une double plainte contre lui : pour vol de documents – il est parti avec des valises de papiers – et pour chantage et tentative d'extorsion de fonds, entraînant une perquisition musclée à son domicile. L'ex-cadre s'effondre.

> Carrefour lui propose 800 000 euros pour se taire. Il choisit de prendre la porte.

C'est le burn-out, le vrai, qui l'immobilise pendant dix mois, jusqu'à la reconnaissance de sa maladie professionnelle.

Depuis, c'est la remontada, mais l'ancien juriste ne fait pas cavalier seul. Il a créé dès 2020 une association regroupant des mécontents, et passe désormais ses journées à sillonner la France et la Belgique en voiture, au secours des déçus de la franchise et de la location-gérance. Il a même offert ses services à Système U, puis à Auchan pour les aider à recruter des franchisés de Carrefour. Par esprit de justice, et de vengeance. De sa lutte obsédante, qui continue à travers plusieurs procès contre le groupe d'Alexandre Bompard, il a écrit un livre, sorti à l'automne dernier. *« Une partie de moi est morte lors de mon burn-out, je ne lâcherai rien car je n'ai plus rien à perdre »*, dit-il. Il faut toujours se méfier des chiens de troupeau. **SOPHIE LECLUSE**

Traque aux faux sacs

MAY BERTHELOT, DEVENUE INCONTOURNABLE GRÂCE À SON COMPTE INSTAGRAM, A FAIT DE L'AUTHENTIFICATION DES PIÈCES DE LUXE SA SPÉCIALITÉ. ELLE OPÈRE COMME CHEFFE DU SERVICE ANTI-CONTREFAÇON DE VINTED.

May Berthelot ne rigole pas avec la mode. C'est en travaillant, *« parfois beaucoup trop »*, qu'elle est devenue l'une des personnes les plus influentes de la lutte contre la contrefaçon. Tandis que son compte Instagram totalise 177 000 abonnés, elle dirige à 33 ans un service de soixante personnes chez Vinted, plate-forme leader de la seconde main. Neutralité oblige, cette passionnée assure ne pas avoir de maison favorite, et mixe, dans ses posts, Chanel, Louis Vuitton et les autres. Avec une préférence pour les coupes qui flattent son petit gabarit – May ne rigole pas non plus avec son image.

Santé et terrorisme

Diplômée d'un master en droit du numérique, elle démarre sa carrière en 2013 comme juriste chez Videdressing, premier site du genre. Elle y apprend, parallèlement à son poste, à authentifier les pièces de maroquinerie de luxe. Couture, étiquette, doublure : chaque détail est un indice. Studieuse, May passe le plus clair de son temps à étudier la confection et l'histoire des pièces, et apprend même à travailler le cuir.

L'habile communicante n'hésite pas à répondre aux followers qui la sollicitent, comme récemment à propos de Polène, une marque de maroquinerie française haut de gamme. Elle s'est prêtée au jeu en auscultant les modèles. Malgré une concurrence accrue des *« influenceurs pseudo-experts »* (sic), elle reste une référence. Au point d'être invitée par les plus grandes marques à découvrir dès leur sortie leurs derniers *it-bags* et autres pièces. Son expertise devient indispensable avec l'explosion du marché du luxe d'occasion, qui pèse 16,6 milliards de dollars en Europe en 2022. Les maisons qui craignaient, il y a quelques années, de perdre une part de marché avec la seconde main, espèrent ici un retour sur investissement : en permettant à l'experte de connaître sur le bout des doigts leurs collections, elles s'assurent une aide précieuse dans la lutte anti-contrefaçon.

May Berthelot souhaite toucher un public plus large que les seuls aficionados du vintage. Au-delà des questions de propriété intellectuelle, l'achat d'un faux sac est synonyme de conditions de travail déplorables, pose des questions de santé publique – les teintures et colles bon marché sont particulièrement toxiques – et implique souvent d'autres activités illégales, allant du proxénétisme au financement du terrorisme, détaille avec rigueur la jeune femme.

NOÉMIE LECLERCQ

Gardienne de l'IA

GIADA PISTILLI A D'ABORD FAIT DE L'ÉTHIQUE DE L'INTELLIGENCE ARTIFICIELLE SON SUJET DE THÈSE DE PHILO, PUIS SON MÉTIER. UN PARCOURS À LA CROISÉE D'UNE ANTIQUE DISCIPLINE ET D'UNE NOUVELLE TECHNOLOGIE.

« U*n non-sujet* », avait tranché son prof de philo à la Sorbonne, en 2017. Giada Pistilli venait de proposer un mémoire sur l'éthique de l'IA. Six ans plus tard, elle répète la formule en riant. Le non-sujet est devenu sa thèse, tout juste soutenue, et surtout son métier : responsable de l'éthique dans une start-up d'intelligence artificielle, un travail encore rare en France mais qui, chez les plus gros acteurs de la Silicon Valley, occupe déjà des équipes entières.

Hugging Face, l'employeur de cette pionnière de 31 ans, au logo en forme de smiley tout sourire, arbore des résultats financiers impressionnants, sans parler de cette levée de fonds de 235 millions d'euros, réalisée l'été dernier grâce au soutien des Gafam. La chercheuse a fait son trou au bon endroit. Fondée par trois Français, l'entreprise est la première plate-forme *open source* qui permet à quiconque – passionnés ou professionnels – d'accéder à des modèles d'IA de pointe, pour en bidouiller de nouvelles itérations. Comme MonadGPT, un chat entraîné avec des archives du XVIIe siècle, qui devise exclusivement dans la langue et avec les connaissances de l'époque.

Comment une philosophe s'est-elle retrouvée au milieu de ces geeks qu'on couvre d'or ? À la fac, le cours préféré de Giada Pistilli portait sur l'éthique des technologies, assuré par Michel Puech. « *Enfin de la philo appliquée ! Les idées descendaient sur terre* », se souvient-elle avec soulagement, en buvant son café dans l'open space parisien de Hugging Face, entre poufs et console Nintendo. L'enseignant, lui-même consultant en entreprise, l'encourage à mener sa thèse entre les deux mondes. En 2021, elle contribue à la rédaction de la charte éthique d'un projet participatif rassemblant le gratin de la recherche en IA, ce qui lui vaut d'être repérée.

Encore doctorante, la jeune femme cosigne en 2022 un article remarqué qui démontre que ChatGPT, quelle que soit la langue dans laquelle il s'exprime, diffuse les valeurs de la société américaine. Aujourd'hui, elle se consacre toujours à la recherche, désormais pour son employeur, avec une question en fil conducteur : comment faire en sorte que l'IA se comporte bien ? Son autre tâche, c'est de s'assurer que les IA développées sur Hugging Face ne sont pas dangereuses. Au gré de ses investigations ou de signalements

ILLUSTRATION NICOLAS GALKOWSKI

internes, la philosophe navigue dans les IA de la plate-forme pour y examiner les données qui les nourrissent, ou les tester quand elles sont finalisées. Objectif: repérer les biais discriminatoires, traquer les incitations à la violence et les risques de manipulations. Elle a en tête des précédents comme Galactica, tentative ratée d'IA scientifique menée par Meta, qui a produit le plus sérieusement du monde un article sur les avantages de manger du verre pilé. *«Et ça avait l'air crédible, en plus!»*

Une IA menée par Meta avait produit un article sur les avantages de manger du verre pilé.

L'année dernière, elle a ainsi fait fermer une version de ChatGPT, entraînée dans les forums les plus radicaux de 4chan – un site de forums anonymes –, qui déversait des insanités en ligne.

L'Italienne, cheveux coupés au carré et yeux en amande, veille sur l'IA. Mais parle-t-elle sa langue? *«J'ai commencé des cours de langage Python, je sais un peu bricoler, mais j'ai besoin qu'on m'aide»*, admet-elle. Quand il faut passer sous le capot, se balader dans le code pour y repérer une faille, elle passe la main à sa collègue développeuse, en Californie. *«Sans sa compétence, je ne peux pas avancer. Mais elle a aussi besoin de mon regard de philosophe pour juger des implications.»* Son entreprise n'est pas la seule de cet avis: Anthropic et DeepMind, deux leaders mondiaux de la recherche en IA, ont placé à des postes importants de leur branche éthique des chercheurs en philosophie. Le non-sujet est devenu un débouché. **NICOLAS GASTINEAU**

Ainsi fond Paris

TROP DE JO, PAS ASSEZ ÉCOLO. IL N'EN FALLAIT PAS PLUS POUR QUE L'ÉLU DU CONSEIL DE PARIS ALEXANDRE FLORENTIN S'ABSTIENNE DE VOTER LE BUDGET DE LA VILLE.

Voilà un cerveau qui ne tolère pas l'incohérence. À la mi-décembre, Alexandre Florentin, élu écologiste au Conseil de Paris, qui fait donc partie de la majorité municipale, s'est abstenu lors du vote du budget de la Ville. Aux yeux de cet ingénieur de 37 ans, spécialiste du climat, trop d'argent est consacré aux Jeux olympiques, qui vont émettre au moins l'équivalent d'un tiers des émissions locales annuelles de CO_2 de Paris, et qui pourraient se dérouler pendant une méga-canicule dopée par le réchauffement. Trop dissonant.

Dans son esprit, cet argent devrait être consacré à faire en sorte que Paris reste habitable dans les chaleurs extrêmes. *«On ne fait pas la transition sans casser des œufs»*, lâche-t-il, avec le faux flegme qui le caractérise. Il s'en est expliqué dans la presse. Certains, de son bord, ont peu apprécié qu'il fasse cavalier seul. Tant pis, l'élu assume.

Il fut un temps où personne, dans l'arène parisienne, ne demandait son avis à Alexandre Florentin. La fraîche arrivée en politique de cet homme à l'allure juvénile date des élections municipales de 2020, comme élu du parti Génération écologie. Il y a apporté ce qu'il a appris dans le privé, comme consultant du cabinet Carbone 4, dont la figure tutélaire est le médiatique Jean-Marc Jancovici: la lutte contre le changement climatique ne peut se faire qu'en *«changeant les règles du jeu»*. Imaginer le scénario climatique du pire est sa spécialité. Repérer les angles morts pour mieux y faire face, son sport favori. C'est dans cet état d'esprit qu'il a présidé la mission d'information et d'évaluation Paris à 50 °C. Pour que les Parisiens s'en sortent, il faudra mener une révolution urbaine d'échelle *«haussmannienne»*, insiste-t-il.

Conseil de la résilience

Depuis que l'idée d'un Paris qui fond fait la une des médias, Alexandre Florentin est très sollicité. Par les Nations unies, par des élus de droite comme de gauche, par des grandes écoles formant les élites de demain. Quatre ans après son entrée au Conseil de Paris, il assiste encore, comme il *«regarde "Baron noir" ou "House of Cards"»*, aux rapports de force violents qui émaillent la vie politique. Lui se verrait bien former un *«conseil national de la résilience»*, composé d'élus préoccupés comme lui par l'urgence à s'adapter au réchauffement. Il envisage même de participer à un stage, dans les milieux survivalistes s'il le faut, pour *«garder son sang-froid»* en cas de panique caniculaire. L'essentiel est d'être prêt. **CÉCILE CAZENAVE**

SUR LA ROUTE

Arlit ne répond plus

TOUS LES TROIS MOIS, *XXI* SUIT UN TRAJET QUI EN DIT LONG SUR LE TERRITOIRE QU'IL TRAVERSE. AU NIGER, LE TRONÇON AGADEZ-ARLIT INCARNE LE DÉCLIN DES RÊVES INDUSTRIELS POST-COLONIAUX.

Et dire que c'était la route de tous les espoirs. Droite comme un I au milieu du désert, ralliant Agadez, la ville la plus importante du Nord du Niger, à Arlit. Deux cent cinquante kilomètres sortis du sable pour rendre le pays riche. *« C'est devenu le trajet le plus fastidieux de tout notre Sahara, ça secoue du début à la fin, on doit rouler lentement pour les suspensions, et les camions creusent un peu plus les trous à chaque passage »*, déplore aujourd'hui Sidi Abderrahmane.

Le chauffeur connaît bien cette région désertique et montagneuse au sud de l'Algérie et à l'est du Mali. Il la sillonne depuis plus de vingt ans avec son pick-up Toyota Hilux. Le jeune homme est né à Arlit à l'orée des années 1990, quand la ville prospère : un gisement d'uranium découvert après la décolonisation y a attiré la France, qui a construit dans les années 1970 pêle-mêle deux mines, des restaurants, un centre équestre, une piste d'atterrissage et un terrain de pétanque… le « Petit Paris » disait-on à l'époque.

L'exploitation des gisements a créé des emplois. Le père de Sidi Abderrahmane a travaillé pour la Société des mines de l'Aïr, Somaïr – détenue à 64 % par Orano, anciennement Areva –, où il a été contremaître pendant une vingtaine d'années. *« À l'époque, tout nous souriait »*, se souvient l'actuel maire d'Arlit, Abdourahamane Maouli. Un vieux projet colonial de route transsaharienne reliant la Méditerranée à l'Afrique de l'Ouest avait alors été relancé. Le tronçon Agadez-Arlit en faisait

partie. Des dizaines de camions de yellowcake allaient pouvoir y circuler, et le pays exporter son uranium. La RN25 est devenue une fierté nationale : c'était le seul goudron à des centaines de kilomètres à la ronde. Au grand dam des éleveurs de chameaux qui, avec l'installation d'industries, ont perdu des pâturages riches et craignent la pollution des sols.

La New York du désert

Mais le Niger rêvait grand et entendait transformer une économie dominée par l'agriculture et l'élevage en développant l'industrialisation. Las. Cinquante ans plus tard, il fait toujours partie des trois pays les plus pauvres du monde, selon les classements de l'ONU. Les deux mines d'uranium n'ont jamais vraiment bénéficié aux Nigériens. Aux coups d'État – cinq en cinquante ans – ont succédé deux rébellions dans la région d'Agadez, tandis que les enlèvements d'Al-Qaeda ont dissipé les rêves de prospérité. La route RN25, elle, subsiste. Mais dans quel état…

Avant, Agadez-Arlit, c'était l'affaire de quelques heures tout au plus. Aujourd'hui, pour parcourir les 250 km qui séparent les deux villes, Sidi Abderrahmane met une journée : départ à l'aube avant que les températures grimpent – parfois à plus de 45 °C –, arrivée le soir avant que la nuit enveloppe le désert et charrie son lot de mauvaises rencontres. À l'arrière de son pick-up, il convoie parfois des humains, parfois des marchandises, parfois légales, parfois pas. « *Tant qu'on me paie, je transporte* », sourit-il sous son turban. Les camions de yellowcake, eux, ne circulent plus. Finie la poudre jaune d'uranium concentré. Finis les expatriés français. Orano a fermé une mine, tandis que l'autre, déjà au ralenti auparavant, n'exporte plus rien depuis le coup d'État de juillet 2023.

Arlit connaît pourtant toujours une forte activité. Avec ses quelque 100 000 habitants au dernier recensement, elle est devenue un carrefour où se côtoient chercheurs d'or par milliers, autant de migrants en route ou rejetés par l'Algérie voisine, et des bandits en tous genres qui s'en prennent aux voyageurs. La ville se rêvait en New York du désert, la voilà devenue cité mal famée du Far West saharien. Les autorités circulent désormais accompagnées d'une escorte militaire sur la RN25 jamais rénovée.

À côté du goudron qui disparaît sous le sable et les nids de poule, les traces des voitures ont creusé des dizaines de pistes parallèles. Vue du ciel, on pourrait croire à une quatre-voies filant à travers le désert. XXI

AMAURY HAUCHARD
ILLUSTRATION FABRICE PELLÉ

TÊTE CHERCHEUSE

DR HINA CHAUDHRY, À L'HÔPITAL MONT SINAÏ DE NEW YORK, CHERCHE À SOIGNER LES ACCIDENTS CARDIAQUES EN UTILISANT L'UNE DE SES DÉCOUVERTES : LE POTENTIEL RÉPARATEUR DES CELLULES FŒTALES.

Par Lise Barnéoud

Vocation

«J'avais 7 ans. Mon père venait de s'écrouler devant nous. Une crise cardiaque. C'était très angoissant, mais il a survécu. J'ai su que je voulais soigner les accidents cardiaques.»

Bascule

Vers 2005. «Au centre médical de l'université Columbia, à New York, je suivais deux patientes atteintes d'une cardiomyopathie du péripartum, une complication qui se développe durant ou juste après la grossesse. Elles avaient un cœur bien abîmé, qui me faisait craindre le pire. Pourtant, en l'espace de quelques mois, elles ont récupéré un cœur comme neuf! J'ai voulu comprendre.»

Énigme

Entre 2006 et 2008. «En faisant des recherches bibliographiques, j'ai découvert que les femmes enceintes récupéraient mieux que d'autres patients après des accidents cardiaques. Au même moment, j'ai appris que des cellules d'origine fœtale pouvaient migrer dans l'organisme maternel. On parle de "microchimérisme". Les recherches montrent que ces cellules se spécialisent en fonction du tissu où elles s'installent. Mais on ne savait rien pour le cœur. Cela m'a poussée à creuser.»

2008. «Lorsque je suis arrivée à l'hôpital Mont Sinaï, j'ai commencé à m'intéresser aux cellules fœtales qui constituent le placenta. Certains collègues, en particulier masculins, se sont moqués. Ils ont dû être étonnés quand j'ai reçu des financements de 5 millions de dollars après mes publications, pour poursuivre…»

2023. «Nous avons récupéré le placenta de 106 femmes après leur accouchement, pour isoler les cellules fœtales et les cultiver in vitro. En ajoutant certains facteurs moléculaires, nous avons pu les faire se différencier en cellules cardiaques et vasculaires. La prochaine étape consiste à les injecter à des cochons, dont le cœur est très similaire au nôtre, pour vérifier leur efficacité et leur innocuité.»

Moqueries Placenta Souris Nourrissons Injection

2012. «Nous avons reproduit des accidents cardiaques chez des souris gestantes, sans mettre en péril leur vie ni celle de leurs fœtus. Par manipulation génétique, nous avions auparavant attaché un gène bioluminescent sur les cellules fœtales, pour pouvoir les distinguer des cellules maternelles. Nous avons ainsi pu les voir migrer vers les cœurs abîmés des mères. Puis nous avons réalisé des dissections cardiaques post-mortem et avons découvert que ces cellules étaient bel et bien venues s'y loger, pour se transformer en cardiomyocytes fonctionnels ou en vaisseaux sanguins. C'était stupéfiant de les voir en vert fluo battre dans les cœurs maternels…»

2024. «Certains bébés naissent avec une maladie congénitale du cœur. Peut-être qu'en transférant ces cellules depuis leur placenta, leur état pourrait s'améliorer? C'est ce que nous allons essayer de démontrer cette année.»

2019. «Nous avons injecté un million de ces cellules issues du placenta dans la circulation sanguine de souris mâles après un infarctus expérimental. Et là aussi, elles se sont dirigées dans les parties abîmées du cœur et ont œuvré à sa réparation. C'était la première fois qu'on montrait que ces cellules pouvaient réparer un autre individu que la mère.»

C'EST UN QUARTIER DU NORD DE ROUBAIX, À L'ALLURE UNIQUE, TOUT EN COURSIVES ET BRIQUES, MINÉ PAR LE DEAL ET DES DÉCENNIES DE MANQUE D'ENTRETIEN. LE PLAN DE RÉNOVATION EN COURS, QUI PRÉVOIT LA SUPPRESSION DE 400 LOGEMENTS, A SUSCITÉ L'IRE D'UN COLLECTIF DE CITOYENS, ATTACHÉS AUX LUTTES QU'ONT PORTÉES CES BÂTIMENTS. UNE HISTOIRE SANS CESSE RÉINVENTÉE.

Alma, ma terre

Par Ramsès Kefi
Illustrations Jérôme Meyer-Bisch

Cette nuit-là, Florian Vertriest monte des marches et dévale les longues coursives qui relient les appartements entre eux. L'immeuble est tassé. Quatre étages, des ascenseurs et des allures de fort. La lumière ne fonctionne pas et l'odeur est neutre: c'est celle du vide qui prend ses aises. Des logements sont déserts. Des dizaines de gens sont partis ailleurs, provisoirement ou pour de bon. Parfois, ce grand gars à la barbe lisse et aux épaules épaisses s'arrête. Pose ses mains sur un rebord de pierre, comme un matelot sur son navire. Et fait de l'histoire. Des dates, des noms, des époques d'abondance et de vaches maigres, comme s'il les avait toutes explorées. Florian Vertriest n'a que 30 ans. Avec sa mère, il a passé une partie de son enfance ici, à l'Alma, dans le nord de Roubaix, où il vit encore. À la lumière d'un téléphone, il ressuscite les scènes. « *Il y a quelques années, les gens faisaient des barbecues là, pendant que des gamins jouaient au basket ici.* » Les défenseurs du grand lifting du quartier, eux, envoient balader la nostalgie et remettent le récit au présent: aujourd'hui, dans les coursives, ça deale et ça joue à cache-cache avec la police. Quatre blocs entièrement vides sont censés tomber les premiers, en attendant d'autres. À moins que des opposants parviennent à renverser la table. Florian Vertriest est l'un d'eux. En juin 2022, il a fondé, dans l'anonymat le plus total, un collectif, Non à la démolition dans le quartier de l'Alma-Gare. Un an et demi plus tard, cet entraîneur de foot, qui a longtemps gardé sa capuche pour les photos, est devenu le visage du chantier de rénovation urbaine le plus médiatique de France.

L'indécence

Roubaix, 100 000 habitants, traîne son boulet: les statistiques la classent depuis des décennies parmi les endroits les plus pauvres du pays. L'Alma, à quinze minutes du centre et encore plus démunie que la moyenne de la ville, possède sa marque de fabrique: des immeubles en brique rouge, à l'architecture si complexe qu'il est difficile de les dénombrer avec précision. La moitié de ses 3 600 habitants, recensés avant les vagues de relogements, ont moins de 30 ans. Des pans entiers de cette cité ouvrière, née au mitan du XIXe siècle, souffrent le martyre et auraient pu, depuis vingt ans, alimenter une chronique quotidienne de l'indécence – chauffages en panne, moisissures, eau chaude coupée, rats, humidité, fuites.
Le plan de rénovation, validé en décembre 2018, prévoit, entre autres, des immeubles flambant neufs, une école plus grande, une salle de sport. Une nouvelle page, en somme: sur les 1 300 appartements actuels, 486 sont voués à la destruction (des logements sociaux en majorité), 390 à la réhabilitation, et seuls 90 seront construits. Autrement dit, le nombre total d'habitations sera réduit.

La tension, inhérente à l'Alma, est dopée par la perspective de cette transformation

profonde. Les incidents à répétition sur le chantier ont d'ailleurs obligé la mairie, les bailleurs et la préfecture à le sécuriser comme une zone de conflit, avec les retards que cela engendre – notamment en érigeant autour un mur de béton, long d'une centaine de mètres et haut de près de trois mètres. À l'automne 2023, des drones de la police nationale ont survolé le secteur. En quelques mois, une pelleteuse a brûlé et des jeunes ont menacé les agents de sécurité dépêchés sur place qui, épuisés, ont jeté l'éponge. Des cars de CRS ont tourné. Les émeutes de juin, qui ont touché tout le pays, ont secoué l'Alma aussi : une entreprise de 500 employés a cramé – un traumatisme. Des habitants toisent le mur, de retour des courses ou perchés sur leur balcon. Une mère de famille aux grands yeux noirs baisse la tête : *« Dès qu'on nous demande d'ouvrir la bouche, c'est pour raconter nos misères. On n'a rien à se reprocher, mais on a honte à la fin. L'Alma, c'est compliqué. Un jour, je déteste ce quartier et le lendemain, j'en suis folle amoureuse. On est fatigués. »* Lille Métropole Habitat, l'un des bailleurs, refuse de donner une date précise de démolition, *« pour des raisons de sécurité »*.

Le réveil

À la première mobilisation, Florian Vertriest se souvient de sa solitude. *« On était deux : mon pote Manu et moi. »* C'était le lendemain de la création du collectif. Sans slogan ni stratégie, le binôme protestait contre le manque de concertation et de clarté. *« C'est vrai, je l'admets, c'était un peu tard. »* Schéma classique : les réunions d'information se sont déroulées entre initiés, dont certaines en visio pendant le Covid.

Jusqu'à ce que des permis de démolir placardés aux murs réveillent tout le monde. Des locataires jurent sur l'honneur qu'ils n'avaient pas toutes les informations. De temps à autre, ils parlent de boîtes aux lettres qui ferment à peine pour raconter leur rapport aux courriers, et par ricochet, aux institutions. La mairie estime avoir joué dans les règles, documents à l'appui. Éric Mouveaux, encarté communiste et membre du collectif, rit après un long soupir : « *Vous pensez vraiment que des gens, en pleine pandémie et avec la pauvreté que l'on connaît ici, vont se connecter sur Zoom pour parler de plans architecturaux ?* »

Florian Vertriest a vite appris. En un an et demi de militantisme, il a acquis des réflexes de pro. Bonnet sur la tête, l'autodidacte distille du « off », montre la carte de visite d'une députée et téléphone à un autre au sujet d'un projet de loi de rénovation urbaine. Quand la pelleteuse a cramé, il a réuni une trentaine de jeunes gens de l'Alma pour déblayer, nettoyer et tuer le soupçon dans l'œuf : son collectif n'y est pour rien. Des bouquins d'urbanisme et des rapports sur l'environnement, dont il cite des passages, sont devenus ses bibles. « *Quand tu parles avec des politiciens, il faut être concret. Tu ne peux pas juste dire, "non, je suis contre". Il faut des chiffres. C'est là que tu te rends compte qu'ils ne maîtrisent pas forcément leurs dossiers.* » Le projet pèse plus de 130 millions d'euros. Et un petit gars comme lui, sans code aucun au départ, finit par être invité à l'Assemblée nationale pour prêcher la cause du quartier. Même s'il s'en défend, l'ironie de la situation l'amuse. Les événements qu'il organise – un goûter, des ateliers de réflexion sur le futur du quartier, une rencontre avec des urbanistes – peuvent rassembler jusqu'à deux cents personnes, dont des jeunes, si difficiles à capter. Deux cents, dans des zones populaires qui s'engagent peu, c'est un trésor. Alors, ce Ch'ti en longue parka de coach aimante les louanges, la curiosité et les critiques. « *On pense que je suis un opposant politique.* »

Le mantra

Le collectif est constitué d'un noyau dur d'une demi-douzaine de têtes. Sur Facebook, celui-ci clame autant son amour de l'Alma que le droit à une seconde chance pour le quartier. D'accord pour démolir ce qui est hors d'âge, mais pourquoi casser ce qui tient encore debout et fonde une identité forte, comme ces bâtiments uniques dotés de coursives immenses ? Et puis, est-ce que *qu'une réhabilitation.»* Marcellino Saab, dont le cabinet d'architectes Ausia a conçu une partie de l'Alma, a déposé un recours à la mairie de Roubaix en mars 2023. Il invoquait son droit moral sur l'œuvre pour contester les démolitions. En vain.

La mémoire de leurs combats

Guillaume Delbar, maire de Roubaix et enfant de la ville, y voit un fantasme: ces intellectuels-là ne vivent pas dans le quartier, plutôt dans des bouquins et par conséquent, ne peuvent comprendre. *«Entre les bâtiments et la vie des gens, j'ai choisi la vie des gens.»* Le maire veut aller au bout du chantier, changer la réputation de l'Alma et oublier Florian Vertriest: *«C'est une seule personne, certes hypermédiatisée, mais sans aucune légitimité.»* L'entraîneur, lui, persiste dans sa quête: rediscuter le projet de rénovation avec tous les acteurs tant que les pelleteuses ne sont pas passées. Après tout, dans les années 1970, c'est ce qui s'est produit. Menacé, l'Alma a été réhabilité en tenant compte des souhaits de ses habitants. Le Ch'ti, dont l'immeuble n'est pas concerné par les grands travaux, se revendique de cet héritage: *«On se bat aussi pour la mémoire de nos grands-parents et de leurs combats. Si ce qu'ils ont construit est rasé par des pelleteuses, c'est toute une histoire qui va disparaître.»*

En 1973, l'Alma-Gare a été déclaré insalubre par les pouvoirs publics. Les courées, avec leurs ensembles de maisons modestes en briques typiques du Nord, flirtaient avec l'indignité humaine. Y cohabitaient familles ch'ties, jeunes couples, et immigrés du Maghreb – des hommes seuls, souvent. Leur destin était limpide: comme d'autres avant, ils iraient remplir des tours HLM plus confortables

détruire des immeubles fera disparaître la misère et le trafic qui s'y nichent? Leur mantra ne varie pas: les blocs sont innocents, c'est tout le reste qui a vrillé. L'éducation, la santé, la sécurité. Florian Vertriest, marié et père de trois enfants, a rallié des universitaires et des architectes à sa cause. Ensemble, ils ont cosigné une tribune dans *Le Monde* parue en octobre 2023. Ils y posent des solutions pour le quartier et déplorent des destructions contre-productives socialement et écologiquement: *«En moyenne, la démolition produit cinq fois plus de gaz à effet de serre et consomme soixante-dix fois plus de matière* et modernes. Or, ces Roubaisiens ont refusé. Où finiraient les anciens ? Qui s'en occuperait ? Les récits d'époque, immortalisés dans des livres, racontent un fief de solidarité.

Christian Carlier, 73 ans aujourd'hui, en était. « *On digérait Mai 68 et on préparait 1981* » – l'arrivée de François Mitterrand au pouvoir. L'Alma devient une cause pour tous ceux qui rêvent d'alternatives, de participation citoyenne et d'autogestion. « *Des connexions se font* » entre des militants maoïstes, des catholiques, jusqu'à la gauche radicale, en passant par des enseignants. Un atelier populaire d'urbanisme éclot, où des intellectuels tentent de rallier des ouvriers pour réfléchir à la cité idéale, au-delà même du bâti.

Le mythe

À la fin de la décennie, les politiques locaux finissent par plier et associent les habitants à la rénovation. Le nouvel Alma qui sort de terre est une pépite unique en France – inspirée par ce qui s'est fait à Wolluwe-Saint-Pierre, en Belgique voisine. Des locataires ont une parcelle de jardin et des fenêtres dans leurs salles de bains. Les immenses coursives en zigzag, où tout le monde se croise, sont pensées pour renforcer les liens. Au cœur des petits blocs sont créés un restaurant collectif, des associations, un foyer pour les personnes âgées, une imprimerie, une école ouverte sur une jolie place et un centre social encore debout aujourd'hui. On est au tout début des années 1980. L'Alma entre dans la légende des grandes batailles populaires françaises.

Sans l'égratigner, Christian Carlier, désormais conseiller municipal (EELV), invite à la prudence avec « *le mythe de l'Alma* », revenu en force avec la surmédiatisation du chantier actuel. Certes, la victoire fut magnifique après une décennie de réflexions et de rapports de force avec les politiques locaux. Certes, un réseau de solidarité inédit a permis, pendant quelques années, de créer une communauté solide dans ce coin de Roubaix. Mais le septuagénaire assure que le contexte était radicalement différent : « *Nous n'avons pas proposé de contre-projet précis dans les années 1970 contrairement à ce qu'on entend ici et là… parce qu'il n'y avait pas de réel projet en face de nous. Les pouvoirs publics de l'époque ne savaient pas trop où ils allaient. Ils se cherchaient. Les architectes qui sont venus ici étaient payés par le ministère de l'Équipement, qui avait aussi besoin d'idées.»* Il étaie: *«Dans le récit de cette lutte, on s'arrête souvent à 1982. Mais personne ne documente vraiment la suite. Ou beaucoup y mettent ce qu'ils veulent.»*

Julien Talpin s'est plongé dans cette histoire. Le sociologue, coauteur d'un livre sur le quartier avec sa consœur Paula Cossart, évoque un alignement très éphémère des planètes: *«La gauche, qui reprend la ville à la droite en 1977, était sensible à ces modes de réflexion et d'autogestion.»* Mais en 1983, la droite récupère la mairie et serre la vis: plus question de soutenir l'Alma. En parallèle, le chômage explose dans cette partie du Nord, où les usines de textile ferment en série. Les financements des pouvoirs publics se tarissent pour ces projets associatifs et participatifs – même les utopies ont besoin d'argent. Les militants les plus investis, bien qu'ils aient continué à croire au rêve, ont des désaccords. Les appartements sont, petit à petit, loués à des familles nombreuses et pauvres bénéficiant des APL – une garantie de paiement pour les bailleurs en période de crise. Les articles de l'époque rapportent qu'une partie de la zone craignait déjà au milieu des années 1980 – cambriolages, drogue, prostitution.

La possibilité d'une étincelle

Christian Carlier y habite encore. Le plan de rénovation en cours lui inspire des tripotées de désaccords, de bémols et d'inquiétudes, notamment concernant les relogements: *«Où vont aller les gens qui vivent toujours dans les immeubles à démolir? Et dans quelles conditions? Dans ces périodes de bouleversement, la précarité s'aggrave de fait puisque les plus pauvres doivent composer avec l'incertitude.»* La métropole lilloise, qui englobe Roubaix, souffre d'un déficit de logements sociaux. Comme d'autres anciens de la lutte, l'écologiste reste à distance de Florian Vertriest. Les deux hommes reconnaissent des divergences de point de vue, sans s'accabler. Sur le terrain, c'est aussi un sac de nœuds: toutes les associations de l'Alma ne sont pas raccord sur la façon de s'opposer aux destructions. Ou à la mairie.

David Guiraud prévient: *«Ça peut péter à l'Alma»* – façon de dire que cette rénovation urbaine contestée peut être l'étincelle d'une explosion sociale. Le jeune député – il a 31 ans – doit son élection à un coup d'éclat. En janvier 2022, M6 diffuse un reportage sur la ville, la montrant comme une place forte de l'extrémisme religieux. Ce que des locaux ont interprété comme une insulte. David Guiraud, originaire de Seine-Saint-Denis, part à la bagarre dans les médias pour redorer le blason de la ville. Et rafle la circo. Illico, Florian Vertriest l'approche. *«On ne le prenait pas au sérieux, on lui riait au nez,* se souvient le député. *Mais moi je l'ai cru quand il m'a dit qu'il aimait l'Alma.»*

Avec ses murs tapissés de permis de démolir, le quartier est désormais un bout de ville en apnée. Des paraboles restent suspendues à des immeubles aux fenêtres murées. Et Florian Vertriest continue de faire visiter les lieux à des journalistes, des militants d'autres villes ou des universitaires. Comme un guide de musée, il se répète, à la virgule près. Guillaume Delbar a fini l'année en accordant une longue interview à nos confrères de *La Voix du Nord* où il martèle un chiffre: quatorze familles seulement ont placé l'Alma en premier choix de relogement après les grands travaux. Dans cet entretien, il égratigne Florian Vertriest, pointant encore et toujours un garçon sans réel poids sur le terrain. L'entraîneur lui a répondu à sa manière, investissant quelques jours plus tard le conseil municipal avec des habitants de l'Alma. Comme les anciens à leur époque. XXI

L'Ukraine se bat contre la Russie depuis deux ans maintenant, et une nouvelle frontière se dessine, floue, poreuse. L'Union européenne s'étend à l'Est, tandis que le Kremlin contre le mouvement – politiquement et militairement. Dans cette zone grise, tous les coups sont permis. Acheter une banque en Lettonie, couver un stock de munitions en Moldavie, se faire passer pour mort en Ukraine, résister par tous les moyens au dictateur biélorusse… Intrigants et résistants étendent le domaine de leurs luttes, mais finissent toujours pas se faire rattraper.

Arnaques, crimes et vies de château

Illustration Antoine Moreau-Dusault

Ils trompent l'œil de Minsk

À 30 KM DE LA FRONTIÈRE AVEC LEUR PAYS, LA DERNIÈRE DICTATURE D'EUROPE, DES EXILÉS BIÉLORUSSES, RÉFUGIÉS DANS UN CHÂTEAU PRÈS DE VILNIUS, ORGANISENT, À LEURS RISQUES ET PÉRILS, LA RÉVOLUTION HORS LES MURS.

Par Arthur Sarradin
Illustrations Julia Plath

Dans le froid baltique qui enveloppe Vilnius, Bella Fox marche, jetant de temps à autre un regard par-dessus son épaule. Bella n'est pas vraiment chez elle ici, elle y a atterri un peu par hasard. « Bella » n'est pas non plus son vrai prénom, elle a préféré adopter un pseudonyme, à la fois pour la plume et pour l'usage. Comme un demi-million de ses concitoyens,

elle a, en 2020, fui la Biélorussie – dont « Bélarus » est le nom revendiqué par les opposants au régime en place. Cette année-là, elle défilait en tête des manifestations qui ont secoué son pays. La journaliste, 26 ans aujourd'hui, visage rond et cheveux blond vénitien, avait soutenu la candidate d'opposition Svetlana Tikhanovskaïa aux élections présidentielles. Au lendemain des résultats truqués par le dictateur Alexandre Loukachenko, la rue s'est enflammée, Bella s'est retrouvée transportée par l'euphorie d'un soulèvement inédit. Mais au lieu du triomphe victorieux qu'elle avait rêvé place de l'Indépendance à Minsk, ce sera la répression, puis l'exil. «*Je suis arrivée en Lituanie en novembre 2020, avec un visa humanitaire. Je pensais que ce serait juste pour quelques mois*», confie la jeune femme. Finalement, trois ans se sont écoulés sans qu'elle ne revienne jamais, comme tous les exilés partis la même année. Bella est arrivée seule, sans bagage, mais avec une chance : celle de rencontrer « Madame Natalya » et de trouver un repaire pour ceux qui, comme elle, sont bien décidés à poursuivre le combat contre la dernière dictature d'Europe.

« Le régime a torturé des hommes qui fabriquaient le drapeau républicain dans leurs caves pour les manifestations. »

BELLA FOX PENSIONNAIRE

Comme leur maman

Ce dimanche de fin 2021, Bella arrive à l'heure pour aider six autres femmes à décorer pour Noël le vaste salon aux murs orangés, dans lequel elles ont l'air un peu égarées. «*Je suis comme leur maman ici*», se plaît à répéter Natalya Kolegova en les observant du coin de l'œil sous son chapeau cloche bigarré. Difficile d'imaginer la quinquagénaire pétillante, rouge à lèvres vif et tenue flirtant avec l'excentricité, en femme d'affaires. C'est pourtant ce qu'elle était quand elle a quitté la Biélorussie à la toute fin des années 1990. À Vilnius, elle a mis son énergie dans une vieille bâtisse, dont elle est devenue propriétaire : le « Château », qui aurait autrefois appartenu à un roi gitan, dans le sud de la capitale lituanienne. Avec un objectif : accueillir les exilés de son pays qui ont fui après le soulèvement de 2020. «*On les loge le temps qu'ils s'habituent à la Lituanie, parce qu'ils arrivent épuisés et sans aucun repère. On leur permet d'avoir un toit, de se nourrir, et de prendre un nouveau départ.*» Pour accomplir sa mission, Natalya a fondé une ONG, Dapamoga, dont le blason orne les fanions que Bella accroche avec ses camarades aux branches du sapin du salon. La jeune femme a déposé sur ses épaules une guirlande rouge et blanc en guise de châle. «*Ce sont les couleurs de Noël mais, pour nous, ce sont aussi celles de notre révolution*», explique-t-elle fièrement. Quand Alexandre Loukachenko a pris le pouvoir en 1994, l'autocrate a imposé à la Biélorussie un étendard rouge et vert, hérité de l'époque soviétique. Au Château, tout le monde revendique les couleurs du drapeau républicain, blanc tranché d'un liseré rouge. «*Des gens qui vivent ici ont payé cher le fait d'avoir porté ces couleurs*, explique Bella d'un ton soudain devenu sérieux. *Le régime a torturé des hommes qui le fabriquaient dans leurs caves pour les manifestations. Certains ont été emprisonnés pour avoir porté par inadvertance des habits rouge et blanc, ce que le KGB avait pris pour une provocation.*»

Tous en connaissent ici, qui ne sont pas revenus des geôles de Loukachenko. « *J'ai perdu mon compagnon en quittant mon pays. Il a pris cinq ans de prison, pour avoir utilisé un laser lors d'une manifestation* », lâche timidement Svetlana, cachée derrière son carré brun. Quand elle n'aide pas au salon, la jeune femme prend le temps, avec les autres, d'écrire aux prisonniers politiques détenus au pays. Bella, elle, a dû laisser toute sa famille derrière elle. « *Un jour, trois hommes m'ont kidnappée à la sortie d'une manif'. Je crois que c'étaient des Tchétchènes. Quand je leur ai demandé où on allait, ils m'ont dit : "On n'a pas nos femmes ici, donc on va te prendre toi. On va à la frontière russe, et là-bas on va te violer." J'étais terrifiée.* » Elle sanglote. Tout le monde dans la pièce a vécu la répression dans sa chair. L'une parce qu'elle était journaliste, l'autre parce qu'il était transgenre. « *Moi c'est parce que j'avais klaxonné dans la rue. On m'a accusé de rébellion* », raconte un garçon, ancien détenu politique, qui vient se joindre à la conversation. Personne n'est surpris. Ils connaissent l'histoire. C'est un rituel de tout se dire le jour de son arrivée au Château.

Au deuxième étage, ceinte par une douzaine de chaises aux imposants dossiers, une table ronde accueille un gamin le temps d'un cours sur la culture biélorusse. Le programme est vaste, des recettes traditionnelles aux applications mobiles développées au pays. « *C'est pour garder un lien* », commente celui qui donne la leçon, lui-même arrivé à Vilnius cette année. Dans l'entrebâillement de la porte, Natalya, qui n'est jamais loin, jette un regard doux en passant. Quelques couloirs plus loin, la matriarche a chargé un pensionnaire d'imprimer des portraits de prisonniers politiques qui serviront lors d'une prochaine manifestation. À 180 kilomètres de la capitale de leur pays, les résidents du Château s'organisent et fomentent des actions très régulières. Manifestations devant l'ambassade de Biélorussie, lobbying auprès des autorités locales, sauvetages à la frontière… Depuis 2020, chacun pense que son exil est temporaire. La guerre en Ukraine a changé la donne. La violence du régime de Loukachenko, allié de Poutine, s'est exacerbée, y compris à l'étranger. À mesure que la perspective du retour s'éloigne, de nouveaux dangers approchent.

> La guerre en Ukraine a changé la donne. La violence du régime de Loukachenko, allié de Poutine, s'est exacerbée, y compris à l'étranger.

Entre deux blocs

En cet après-midi d'hiver, une demi-douzaine de réfugiés sont emmitouflés dans de larges cols dans la cuisine. Ils discutent attablés en grignotant les gâteaux et les restes de dranikis – des galettes de pommes de terre – que d'autres ont préparés. « *Ici on parle seulement de politique*, précise Bella. *Au Bélarus, on appelle ça des "discussions de cuisine".* » Autour de la table, ils font le point sur les dernières arrestations du KGB à Minsk, relayées par les médias d'opposition. Beaucoup de ceux qui sont incarcérés aujourd'hui étaient des opposants à l'invasion russe en Ukraine. « *Il faut imaginer notre pays comme le prolongement de la Russie en Europe* », commente la jeune femme, ses yeux ronds grand ouverts, qui signent son air sérieux revenu. Depuis la chute de l'URSS en 1991, le pays est resté figé à l'ère soviétique, devenu tampon entre deux blocs, ni vraiment proche de l'Europe, ni totalement englouti par la Russie.

En trente ans, le dictateur Alexandre Loukachenko y a construit un système totalitaire à sa gloire, où tout est sous contrôle : les médias, l'économie, la police. « *Et tous ceux qui élèvent la voix sont écrasés* », résume Bella. Même hors des frontières.

> **Quand le journaliste Roman Protassevitch a été contraint de faire de faux aveux à la télévision officielle, « on a tous compris qu'on ne serait en sécurité nulle part ».**

La Russie a mis en place de longue date sa politique de l'empoisonnement-spectacle pour effrayer les opposants en exil. Depuis la guerre en Ukraine, le régime de Loukachenko se voit lui aussi pousser des ailes en matière de répression. En mai 2021, le vol de la compagnie Ryanair qu'empruntait le journaliste Roman Protassevitch d'Athènes à Vilnius a ainsi été détourné vers Minsk. Arrêté et torturé, l'opposant a été contraint de faire de faux aveux à la télévision officielle. « *Ce jour-là on a tous compris qu'on ne serait en sécurité nulle part* », résume Yulia, qui sait « *qu'ils s'attaquent parfois aussi aux familles de ceux qu'ils estiment trop bruyants à l'étranger* ». Ce fut l'un des premiers grands chocs de la communauté biélorusse à Vilnius. Même au sein de l'Union européenne, le régime a le bras long.

Bella ne peut s'empêcher cependant de rêver d'avoir un jour sa propre émission d'opposition en exil. En attendant, elle publie quotidiennement des mots de soutien à la résistance ukrainienne sur les réseaux sociaux. Comme beaucoup ici. « *Il y a même une unité, le bataillon Kalinowski, composé d'un millier de Bélarusses qui se battent en Ukraine*, raconte Natalya. *Ça nous arrive de faire des collectes pour eux.* » Certains des résidents du Château ont déjà songé à partir au front. L'un des derniers arrivés, Ivan – le prénom a été modifié à sa demande –, a combattu aux côtés des Ukrainiens lors de la guerre du Donbass en 2014. Arrêté à Minsk alors qu'il rendait visite à sa mère, il a été condamné à sept ans d'emprisonnement. À sa sortie en 2023, il a fui à Vilnius, où, depuis, il participe aux activités de résistance. Mais il a déjà envoyé ses papiers aux services consulaires ukrainiens pour retourner se battre.

Du « bullshit » russe

Sur le trottoir, à la hâte, un homme traîne sa valise cabine, et grimpe dans un taxi. L'avion de Dmitrii Vasilev a atterri il y a peu. Le Biélorusse svelte, aux traits fins, a l'air exténué. Il sort de plusieurs semaines de prison en Pologne où la police l'avait arrêté : il figurait sur liste rouge d'Interpol pour fraude à la cryptomonnaie. « *Du "bullshit" russe ! Leur dossier ne valait rien* », commente le trentenaire à qui veut bien l'entendre, à commencer par son chauffeur. Dmitrii lui glisse sous le nez son téléphone pour lui montrer un article du très sérieux journal polonais *Wyborcza* relatant son arrestation. « *On m'accuse de fraude fiscale et de malversation… C'est n'importe quoi.* » Il y a encore quelques années, l'homme était à la tête de MEX, l'une des dix plus grandes bourses mondiales de cryptomonnaies, dont le chiffre d'affaires pouvait dépasser 80 millions de dollars par jour. À Vilnius, il est venu essayer de se faire un nom au sein des groupes de l'opposition, qu'il est prêt à financer.

Ça tombe bien, le chauffeur est lui aussi biélorusse. « *Tu penses quoi de notre politique ?* », lance Dmitrii. « *Je m'en fiche,* répond l'homme, d'un ton monocorde. *L'opposition n'a pas les épaules. Chacun s'enrichit et suit ses intérêts.* » Le passager agité acquiesce, puis se lance sans crier gare dans une longue tirade sur le bitcoin... Un monologue dont le chauffeur ne sera délivré qu'à destination : le Château.

Dmitrii a annoncé sa venue. À l'entrée, Bella le salue ; ils se sont déjà croisés. Mais à la cuisine, les hommes n'ont l'air qu'à moitié intéressés par son arrivée. Dmitrii sort d'un déjeuner avec un dissident du KGB installé à Vilnius, il a rôdé son discours : « *Il faut qu'on réfléchisse à de nouvelles stratégies de résistance en exil. Moi j'ai plein d'idées. On pourrait imaginer une banque qui fasse le lien entre les membres de la diaspora, qui fonctionnerait entièrement avec la cryptomonnaie et qui serait protégée par une "blockchain".* » Son auditoire, peu captivé par son jargon, ne l'écoute que d'une oreille. Des stratégies de résistance, ils en ont entendu beaucoup.

Depuis 2020, tout un tissu de structures entend représenter la lutte des opposants biélorusses en exil. Sur la scène internationale, il y a d'abord le cabinet de leur présidente, Svetlana Tikhanovskaïa, dont l'échec dû au trucage des élections a mené au soulèvement de 2020. Une vingtaine « d'ambassades populaires » ont également été créées pour représenter l'opposition en Europe. Des ONG et de nombreuses organisations plus informelles se sont aussi montées, comme le groupe de hackers Cyber Partisans, dont certains membres du Château sont proches. « *C'est grâce à eux qu'on a su que le régime avait truqué les voix pour faire perdre Tikhanovskaïa,* confie un pensionnaire. *Ils arrivent à pirater les sites du régime, pour savoir qui a été arrêté et où. Ils savent mettre le bazar sur les pages web des ministères... La lutte se passe aussi ici.* »

Dans la pièce mitoyenne, Bella s'occupe d'Igor, un nouvel arrivant. La quarantaine, il a l'air perdu. Avec quelques résidents, la jeune femme est allée le récupérer en voiture à la frontière : « *On organise ces exfiltrations pour des opposants politiques, la plupart traversent des forêts à pied, des rivières gelées, et risquent d'être arrêtés par le régime s'ils sont attrapés.* » La jeune journaliste n'en est pas à son coup d'essai. Sa première opération à la frontière avait été menée pour récupérer son propre disque dur laissé à Minsk. « *Il contenait toutes les preuves filmées des répressions policières dont j'avais fait l'objet. Un ami m'a tout ramené illégalement. S'il avait été arrêté, il aurait pris deux ans pour terrorisme* », raconte-t-elle, encore fébrile, mais fière de son camarade.

> « Le groupe de hackers Cyber Partisans sait mettre le bazar sur les pages web des ministères... La lutte se passe aussi ici. »
>
> **UN PENSIONNAIRE**

« Et s'il y avait un espion du KGB qui venait au Château ? Je sais que Natalya fait très attention. Mais le KGB est si fort... »

YULIA PENSIONNAIRE

Installée dans un canapé qui semble avoir des décennies, Bella a réussi à faire tenir en équilibre son téléphone sur un meuble pour filmer son échange avec Igor, qui sera diffusé sur les réseaux sociaux. « *C'est le moins que je puisse faire, transmettre notre parole, qu'on ait encore une voix* », commente la jeune militante qui, malgré tout, se sait impuissante. Certes, depuis trois ans, au Château, la résistance permet de donner un sens à l'exil, mais Bella a bien conscience que le régime en face est trop puissant. « *Le destin du Bélarus ne basculera que quand nous serons assez forts pour convaincre les membres du KGB ou de la haute administration de se retourner contre Loukachenko*, estime Bella. *Ça prend du temps, et tout ne dépend pas de nous. Un an avant notre révolte, on manifestait déjà contre un projet d'intégration du Bélarus à la Russie de Poutine...* » Elle marque une pause. « *La vérité, c'est que les destins des opposants des deux pays sont liés.* »

Filmée à son insu

Yulia, elle, est angoissée depuis des mois. Il y a trois ans, lors d'une première rencontre au Château, elle donnait volontiers son vrai prénom. Aujourd'hui, c'est terminé. « *Les temps ont changé* », explique-t-elle désolée. « *C'est dur à dire, mais j'ai l'impression d'être dans un tunnel, toujours observée et vulnérable.* » Son regard azur devient humide. « *Après l'invasion russe en Ukraine, de plus en plus d'espions ont commencé à nous traquer ici. Ça a accentué une peur que je portais depuis l'affaire Protassevitch. On se sent de moins en moins en sécurité.* »

La jeune femme sort malgré tout de son refuge au crépuscule en ce dimanche d'hiver. La fine couche des dernières neiges dessine les creux de la cour pavée. Yulia part rejoindre sa meilleure amie, Anna, rencontrée à Vilnius. « *On s'est rendu compte qu'on était dans la même université à Minsk, sans s'être jamais croisées !* », sourit-elle en marchant d'un pas vif. C'est à Anna qu'elle confie ses angoisses quand les discussions du Château ne lui suffisent plus. Il y a quelques mois, elle a appris que Bella avait été suivie et filmée à son insu par deux Lituaniens. L'un d'eux, Mantas Danielius, un avocat qui avait aidé de nombreux réfugiés, a été mis en détention provisoire, accusé d'être un espion du régime qui ciblait les dissidents exilés. L'histoire est emblématique de l'émergence récente d'une méfiance, née de la guerre en Ukraine, des Lituaniens envers les opposants en exil. Comme si chaque réfugié pouvait être un espion venu déstabiliser leur pays.

Yulia en est devenue paranoïaque. « *Un jour je me suis dit, "et s'il y avait un espion du KGB qui venait au Château ?"* » Elle lève les sourcils. « *Je sais que c'est impossible, Natalya fait très attention. Mais le KGB est si fort...* » Dans l'appartement en colocation du centre-ville où vit son amie, autour d'un thé nocturne, les deux femmes se racontent le souvenir de cette révolte qui s'est imposée à elles et dont elles semblent encore payer le prix. « *Moi en 2020, je n'ai jamais vraiment choisi de descendre dans la rue*, se remémore Yulia. *C'était instinctif. Je pensais que c'était juste, c'est tout. Ce qui rend notre lutte si naturelle et nos soulèvements si grands, ce n'est pas une question de politique. C'est une question d'humanité.* » XXI

Mauvaise nouvelle pour les tyrans

En août 2020, le Liban, où je vis, se relevait douloureusement de l'explosion du port de Beyrouth. La révolution qui avait porté le pays en 2019 s'essoufflait sous le poids du régime, corrompu et sectaire, hérité des milices de la guerre. Dans la cacophonie ambiante, les événements révolutionnaires biélorusses m'avaient échappé. J'étais pourtant depuis les printemps arabes, obsédé par les soulèvements qui, dans l'euphorie des révoltes populaires, avaient secoué tour à tour le Chili, le Liban, Hongkong, la Tunisie ou encore la Syrie. Alors que la révolution libanaise tournait en rond, j'ai eu l'envie de rattraper l'épisode biélorusse, l'espoir sans doute d'y trouver d'autres leçons de la révolution. Étrangement, les récits venus de Biélorussie ont révélé un parfum familier. Celui de l'exil, me rappelant le drame des révolutionnaires syriens établis au Liban. Celui de la répression policière, m'évoquant les violents témoignages de mes amis de Tunisie, ou de Bagdad. Je me suis rendu dans une demi-douzaine de pays, où j'ai constaté que les codes de la révolution se sont mondialisés : des chants de lutte égyptiens se sont retrouvés dans les cortèges tunisiens, et les slogans chiliens sur les murs beyrouthins. Plus que de documenter l'histoire, portraiturer les régimes, raconter les soulèvements, il m'importe de montrer comment ces luttes pour la justice, le droit, l'égalité semblent découler d'un ordre naturel, profondément humain, et – mauvaise nouvelle pour les tyrans – inéluctable. **ARTHUR SARRADIN**

La candidate Svetlana Tikhanovskaïa a été arrêtée au lendemain de l'annonce des résultats truqués par le régime de Loukachenko.

ARTHUR SARRADIN

Confidences d'une présidente en exil

« Je ne réalise peut-être pas tout le poids que mes épaules ont porté. » Quand elle marche, tout semble encore peser sur Svetlana Tikhanovskaïa. Animé par son pas prudent, son costume taillé a l'air de l'encombrer. Il y a trois ans et demi, sa vie a basculé quand son mari, célèbre blogueur politique, a tenté de se présenter à l'élection présidentielle biélorusse. *« Ils l'ont mis en prison pour avoir défié le régime. Je ne sais pas ce qui m'a pris, mais j'ai décidé de me présenter à sa place,* confie celle qui vit aujourd'hui en exil. *À cette période, je m'occupais des enfants, je n'avais aucune ambition, je l'ai fait comme une preuve d'amour. Je pense que le comité électoral a accepté ma candidature pour se moquer de moi. Ils voulaient m'humilier, car personne n'allait voter pour une pauvre femme au foyer. »* Mauvais calcul. Svetlana s'associe à d'autres femmes proches de candidats d'opposition écartés par le régime, qui concentre le pouvoir dans les mains du dictateur et ne tolère aucune voix dissonante. *« On ne s'attendait à rien, et tout s'est fait comme une rencontre évidente. Les gens aimaient bien que je sois ordinaire. Ils avaient envie de voter pour quelqu'un qui était animé par le changement plutôt que par la cruauté. »*

Mais après la victoire dans les urnes, la rage de Loukachenko. *« Tout est allé si vite. Personne ne m'avait expliqué ce qui pouvait m'arriver après. »* Au lendemain de l'annonce des résultats truqués par le dictateur, Svetlana est arrêtée par des officiers du KGB. Elle s'arrête dans son récit, regarde en l'air, semble scruter des images qui ressurgissent. *« Ils m'ont raconté ce que vivaient les femmes dans les prisons, ce que mes enfants orphelins allaient devenir. À ce moment-là, la mère a repris le dessus. On m'a fait enregistrer une vidéo de fausses confessions et j'ai quitté le pays avec mes enfants, à demi-consciente, dans un terrible état psychologique. »* Ce n'est qu'à Vilnius qu'elle reçoit les images des premières manifestations. *« Les dirigeants européens m'ont appelée. Je me suis réveillée, me disant que je devais rendre leur père à mes enfants, libérer avec lui tous les autres prisonniers politiques. »* À l'aveugle, la désormais femme politique avance sur ses gardes, sans savoir si le pouvoir pourra un jour l'atteindre, ni si elle pourra un jour atteindre le pouvoir. *« Maintenant le plan est simple : quand nous trouverons le point faible inattendu du régime, il ne manquera plus que le bon moment pour le faire tomber. »* **A. S.**

Manipuler la détresse

Assise sur un matelas posé au sol, dans une pièce vétuste en banlieue de Beyrouth, Asma est au téléphone avec son mari Ahmed – leurs prénoms ont été modifiés à leur demande. L'année dernière, avec l'aîné de ses fils, le père a réussi à rejoindre l'Allemagne en passant par la Biélorussie. *« Un soulagement, car je les pensais morts »*, confie Asma. Quand ils sont partis en éclaireurs avant de chercher un moyen de réunir le reste de la famille restée au Liban, ils ont vendu tout ce qu'ils avaient. *« Tout y est passé : notre voiture, les téléphones...* énumère-t-elle. *On a récolté environ 10 000 dollars. »* Ahmed et son fils ignoraient alors ce que leur réservait cette route, qui croise celle du régime de Loukachenko.

En 2021, la Biélorussie est la cible de sanctions européennes suite à la présidentielle truquée par le régime et à la violente répression des opposants politiques qui a suivi. Furieux, Loukachenko a un plan : manipuler la détresse des exilés syriens, irakiens ou libanais pour faire pression sur l'Union européenne. Le régime facilite leur arrivée à Minsk par centaines sur des visas touristiques, monnayés quelques milliers d'euros auprès d'intermédiaires comme la compagnie aérienne biélorusse Belavia, ou son homologue syrienne Cham Wings. Une fois arrivés sur le sol biélorusse, ils sont sommés de traverser à pied les forêts qui séparent le pays de ses voisins lituaniens ou polonais. *« On s'est retrouvés bloqués,* raconte Ahmed au téléphone. *Les policiers biélorusses nous battaient si on essayait d'aller ailleurs que vers la frontière. Les Européens en face nous battaient pour nous renvoyer en Biélorussie. »* Pris en étau, certains parviennent à rejoindre l'Europe, mais beaucoup sont alors victimes de cette terrible transhumance hivernale : cinquante exilés meurent de froid, de manque d'eau ou de nourriture. Dans les pays frontaliers, leur arrivée en masse déchire les populations locales, alimente les discours xénophobes et accroît le poids de Loukachenko dans son bras de fer avec l'Union européenne. *« On était des cibles, des outils... mais plus des humains »*, s'indigne Ahmed, qui après son long périple a fini par obtenir l'asile politique en Allemagne. A. S.

À lire, à écouter, à voir

Razam, un roman bélarusse
documentaire d'Andreï Vaitovich, 2021
Le journaliste franco-biélorusse Andreï Vaitovich aujourd'hui en exil en France, a filmé clandestinement les manifestations et les violences du régime de Minsk de 2020.

La révolution suspendue
de Ronan Hervouet
éd. Plein Jour, 2023
Professeur de sociologie à l'université de Bordeaux, Ronan Hervouet est parti à la rencontre de Biélorusses en exil. Il en tire un récit détaillé des rouages de la dernière dictature d'Europe.

Biélorussie : il était une fois la révolution
podcast de Caroline Gillet
France Inter, 2020
Trois jeunes femmes qui se sont découvert un destin révolutionnaire enregistrent leur journal sonore des manifestations. Elles racontent leurs émotions à la sortie des prisons, et au cœur des rassemblements.

La supplication
de Svetlana Alexievitch
éd. J'ai lu, 2016
La Prix Nobel de littérature Svetlana Alexievitch recueille les témoignages des survivants de Tchernobyl. Après la catastrophe nucléaire, Loukachenko avait anéanti tous les travaux de mémoire, pour ne pas nuire à l'image de l'ère soviétique, et mis en place des politiques de repeuplement des zones contaminées. Un recueil essentiel pour comprendre le pouvoir du régime biélorusse.

Une bande à part

AUX CONFINS DE LA MOLDAVIE, LA TRANSNISTRIE DORT SUR UNE POUDRIÈRE. VINGT MILLE TONNES DE MUNITIONS HÉRITÉES DE LA SECONDE GUERRE MONDIALE. MOSCOU ET BRUXELLES SE DISPUTENT CET ÉTROIT TERRITOIRE EXPLOSIF AUX PORTES DE L'UKRAINE.

Par Clément Fayol et Antoine Harari
Illustrations Thomas Rouzière

Il suffirait d'une étincelle. L'explosion ferait le même effet qu'une bombe atomique de dix tonnes et provoquerait des dégâts à cinquante kilomètres à la ronde, a estimé une équipe d'universitaires moldaves lors de la dernière visite de la mission internationale à l'État fantôme de Transnistrie. Le général russe Alexandre Lebed le disait déjà en 1995 : les entrepôts sont surchargés, le moindre incident risque de transformer la région en zone de désolation.

Bloqué entre son parrain russe et son voisin ukrainien, l'État fantôme est devenu un nœud gordien délaissé, que personne ne veut trancher.

En cause : la base militaire que les Russes ont construite en 1941 aux abords du village de Cobasna, pour y stocker de quoi permettre à l'Armée rouge de se battre en Europe, puis se ravitailler, durant la Guerre froide. Ils y ont laissé 20 000 tonnes de munitions (datant de l'époque soviétique), selon l'Organisation pour la sécurité et la coopération en Europe (OSCE). Et 1 400 soldats, officiellement, mais il est impossible de s'en assurer tant les secrets entourent la vie de cet endroit.

Derrière les bâtisses, la masse sombre de la base est enveloppée par l'obscurité de la nuit. Des silhouettes se dessinent devant l'entrée principale. Jambes fines, épais plastron, fusils-mitrailleurs dans le dos ou en bandoulière, sous une grosse ampoule blafarde, qui crée plus d'ombres que de lumière, mais nous permet de distinguer une barrière qui ferme le passage. Impossible de franchir l'enceinte de la base contrôlée par Moscou qui, d'après les vues satellites, s'étend sur une centaine d'hectares. Seules les forces russes savent ce que contiennent ces hangars.

À la fin des années 1990, les réserves explosives ont servi de prétexte au Kremlin pour garder ce poste avancé. Dans les années qui ont suivi, malgré ses promesses de démantèlement, le pays n'a jamais lancé de processus de démilitarisation. Pour réaliser son film *Lord of War,* Andrew Niccol s'est d'ailleurs inspiré de ce lieu sensible. Interprété par Nicolas Cage, Yuri Orlov – personnage inspiré de Viktor Bout, trafiquant russe libéré fin 2022 par les États-Unis lors d'un troc de prisonniers avec la Russie – vend de nombreuses armes en provenance du petit État séparatiste. Dans le long métrage, il se rend sur place pour conclure un deal inavouable avec un haut officier : acheter sous le manteau des quantités industrielles d'armes destinées à alimenter des conflits africains. En réalité, il est difficile de savoir si une partie du stock s'est évaporée sur des marchés parallèles. Depuis la dernière visite de la mission internationale, en 2006, aucun chiffre fiable n'a été avancé.

Aujourd'hui, la Russie, qui s'est bien gardée de reconnaître l'indépendance de sa protégée, encourage cette situation floue et indécise : elle lui permet de rester incontournable sur ce bout de terre qui appartient à la Moldavie. Le gouvernement de Vladimir Poutine joue avec ses relais politiques dans la capitale et une ambassade qui compte plusieurs centaines de fonctionnaires d'après les estimations locales, pour empêcher l'entrée du pays dans l'Union européenne et garder la main sur les forces politiques qui lui sont favorables.

« Alerte jaune code terreur »

Soudain, les silhouettes devant les bâtisses s'agitent. Elles viennent d'apercevoir un véhicule non identifié, notre voiture, traversant une ligne invisible. Impossible de faire demi-tour, à quelques centaines de mètres de l'entrée principale. Un poids lourd militaire lance une manœuvre pour nous bloquer. Quatre soldats se postent autour de la voiture. Drapeau russe à l'épaule, pin's « *Z* » blanc sur la poitrine en soutien à « *l'opération spéciale* » menée par la Russie en Ukraine, ils exigent que les mains soient visibles et scrutent l'habitacle. Les bouts incandescents des cigarettes illuminent brièvement les bas des visages, puis s'éteignent. Quelques mètres

plus loin, des lampes de poche balaient le sol et projettent l'ombre de chiens tenus en laisse. Les passeports sont confisqués. «*Nous sommes en alerte jaune code terreur à cause de la situation en Ukraine*», annonce un officier. Un minibus blanc vide pénètre dans la base. Quelques minutes plus tard, il ressort avec une vingtaine d'hommes en uniforme qui ont terminé leur journée de travail. S'agit-il de Transnistriens mobilisés pour étoffer les rangs des soldats russes durant la journée? Nous n'en saurons pas plus. Commence une longue attente. Seul un tracteur passe avec sa remorque.

Une antique Lada, banquette pourpre et carrosserie flambant neuve, arrive enfin. Jeans, chaussures en cuir et pulls sombres, trois hommes en civil nous installent sans ménagement dans le véhicule. La base s'éloigne, puis disparaît totalement. Dans un petit immeuble de trois étages sans inscription officielle d'un quartier reculé de Rybnitsa, durant trois heures, nous sommes trimballés d'une pièce à l'autre pour des interrogatoires. La chorégraphie du petit manuel soviétique de la police politique est respectée à la lettre. Chacun fait sa part du travail, de manière mécanique.

Sortir du giron soviétique

Au moment de l'éclatement de l'Union soviétique, en 1991, la Transnistrie, petit territoire de 4000 km² s'est retrouvé intégré à la Moldavie, coincée entre l'Ukraine et la Roumanie. Comme l'autorité centrale moldave tenait à sortir

définitivement du giron soviétique, elle a réintroduit l'alphabet latin et établi le roumain comme seule langue officielle, celle de la majorité autochtone. Une rupture nette avec Moscou, que n'ont pas acceptée les populations russophones de l'est du pays. Après quatre mois d'une sanglante guerre civile qui a fait plus d'un millier de morts, la Transnistrie déclarait sa sécession, le long du fleuve Dniestr. Aucun pays, pas même la Russie, n'a entériné cette indépendance. Seules l'Ossétie du Nord et l'Abkhazie, deux autres régions séparatistes inféodées à Moscou, ont officialisé leurs relations avec ce lopin de terre, zone frontalière de trafics. Le reste du monde le considère comme partie de la Moldavie. Qu'importe : depuis plus de trente ans, une clique politico-sécuritaire gouverne le faux État, en alimentant ses caisses grâce à la revente du gaz et du pétrole achetés à bas prix au parrain russe.

Au cœur de cette enclave figée dans un passé soviétique rêvé, des statues de Lénine trônent sur les places des centres-villes tandis que les mausolées et les étoiles en l'honneur des morts de l'Armée rouge décorent chaque coin de rue. Ici, on parle la langue de la Russie et, sur le demi-million d'habitants officiellement recensés, près de la moitié en a la nationalité, selon Michael Éric Lambert, auteur d'une thèse sur les *« stratégies de mise en place du soft power de l'Union européenne dans les États du partenariat oriental »* : *« Les autorités russes ont établi une politique de "passeportisation" pour asseoir leur influence sur place. »* Bloqué entre son parrain russe et son voisin ukrainien, l'État fantôme est ainsi devenu un nœud gordien délaissé, que personne ne veut trancher. La guerre en Ukraine et la candidature de la Moldavie à l'Union européenne risquent de rompre cet équilibre précaire qui tient depuis trente-deux

ans. Tous les facteurs de déstabilisation sont réunis dans cette poudrière, le poste le plus avancé à l'ouest des forces russes, aux portes de l'Europe.

La « verrue russe »

Une colline domine le village de Cobasna, avec sa chapelle et son modeste cimetière aux monticules ornés de croix métalliques. Deux ou trois vrombissements de moteurs et des hurlements de chiens errants accompagnent le coucher du soleil. Seules quelques lumières et fumées de cheminées indiquent que les mille habitants, calfeutrés dans leurs petites maisons entourées de modestes parcelles, ne sont pas tous endormis. Ici, les routes sont plus petites que dans le reste de la Transnistrie, et à mesure qu'on avance sur le territoire, l'asphalte fait place à des chemins en terre. Au cœur du village, un rond-point ouvre sur trois directions. Toutes mènent, à moins de cinq kilomètres, à la frontière ukrainienne. Les téléphones quittent le réseau moldave pour se connecter à celui du voisin, ou plutôt du frère ennemi.

Depuis l'invasion russe de l'Ukraine au printemps 2022 et la fermeture de la frontière, la Transnistrie s'est retrouvée privée d'accès terrestre à la Russie. Les premières percées des troupes de Vladimir Poutine jusqu'à Kherson ont éveillé l'espoir de pouvoir passer par Odessa. Mais l'offensive s'est arrêtée plus haut. Toutes les voies d'approvisionnement ont été coupées, laissant les soldats russes seuls sur la base militaire de Cobasna, désormais privés de portes de sortie, mais toujours assis sur une montagne de matières explosives. En l'absence d'aéroport ouvert, d'accès à la mer ou à l'étranger, ils ne peuvent effectuer de rotation sans demander l'autorisation à la Moldavie. Les troupes ne sont plus renouvelées. La base est devenue un camp retranché.

> «Au début du conflit, mon père vérifiait les nouvelles au milieu de la nuit, persuadé que la base exploserait tôt ou tard.»
>
> **UNE CONSEILLÈRE** AUPRÈS DE LA PRÉSIDENCE MOLDAVE

En juin 2023, le président ukrainien Volodymyr Zelensky s'est rendu au sommet de la Communauté politique européenne en Moldavie. C'était la deuxième réunion de cette organisation internationale qui vise à renforcer les liens entre l'Union européenne et les pays partageant ses valeurs sans en être membres. À l'occasion de cette rencontre, rapportent plusieurs sources moldaves, le président ukrainien a proposé d'ouvrir un front sur son territoire et de supprimer la *«verrue russe»* que représente pour lui la base de Cobasna, si près de sa frontière. Déclin poli de la présidente moldave. Maia Sandu, pro-européenne et proche du président Macron, se trouve embarrassée par une influente et populaire opposition favorable au Kremlin, qui pourrait l'emporter si le vote transnistrien s'y agrégeait. Le petit pays, divisé entre ses influences roumaine et russe, a jusqu'à présent adopté le statu quo – on peut même parler de stratégie du pourrissement – à l'égard de la zone indépendantiste. Et, dorénavant, préfère miser sur l'encerclement européen du repaire d'irréductibles plutôt que sur des affrontements risqués.

Ainsi, dès mars 2022, une semaine après l'Ukraine, la Moldavie a déposé sa candidature pour rejoindre l'Union européenne. Le jour où Bruxelles annonçait l'ouverture officielle des négociations, en novembre 2023, attablé dans un restaurant chic de Chisinau, le haut fonctionnaire moldave chargé du suivi du dossier que nous avons rencontré ne dissimulait pas son enthousiasme: *«À l'horizon 2030, nous espérons être membre de l'Union!»* Une part importante de l'opinion publique est pourtant réfractaire à ce passage à l'Ouest. Mais le gouvernement persiste et suit le mouvement, version accélérée, que Kiev a lancé. *«À Bruxelles, plus personne ne nous parle des territoires perdus de Transnistrie alors qu'avant la guerre c'était un obstacle très clair»*, se réjouissait le haut fonctionnaire. Le conflit a rebattu les cartes. Les institutions européennes ont désormais une seule priorité: empêcher l'avancée de l'influence russe. Le 14 décembre 2023, l'UE a d'ailleurs approuvé l'ouverture des négociations d'adhésion de la Moldavie et de l'Ukraine.

Strapontin râpé

Du côté de la capitale moldave, l'inquiétude est vive cependant. *«Nous dormons sur un volcan éteint»*, résume une conseillère auprès de la présidence qui ne souhaite pas donner son nom. La jeune femme est issue d'une bonne famille moldave. Son bac en poche, elle a passé une décennie en Europe pour étudier avant de revenir servir son pays. Elle est née quelques années avant la chute du mur de Berlin et, pour elle, la base militaire aux marges de son pays dépasse la dimension politique: *«Durant les mois qui ont suivi le début du conflit ukrainien, mon père vérifiait constamment les nouvelles au milieu de la nuit, persuadé que la base exploserait tôt ou tard avec la guerre à nos portes. Puis le temps est passé et nous nous sommes habitués à cette situation, à notre impuissance.»* Elle n'est pas seule à s'inquiéter. *«Les Russes pratiquent la politique du chantage. Ils multiplient les provocations comme ces missiles envoyés en Transnistrie peu après le début de la guerre* [en mai 2022, ndlr] *dans l'espoir d'aviver les tensions* (sic) », s'insurge Ion Stefanita, dans une pâtisserie en vogue du centre de la capitale. Le quinquagénaire, qui parle un français parfait, est muséographe et expert du patrimoine architectural de son pays ; il rencontre de grandes difficultés actuellement pour monter des projets touristiques dans la région indépendantiste.

Une tout autre ambiance règne en Transnistrie, au cœur même de la poudrière. Au guichet d'une banque d'un village frontalier, plusieurs clients patientent pour retirer des roubles transnistriens, qui n'ont cours que dans cette région. Les coupes de cheveux sont droites, les visages émaciés, les regards durs et les habits en tissus lourds. Fichu coloré sur la tête et sabots en plastique aux pieds, une femme qui n'a pas 50 ans reste assise, une jambe posée sur la banquette d'un strapontin au tissu marron râpé. Derrière elle, sur un mur de crépi vert, s'étale une mosaïque de visages de vétérans de la Seconde Guerre mondiale. « *Ils ont défendu la mère patrie* », est-il écrit en russe. Aucune des personnes interrogées ne témoigne d'une crainte de voir son quotidien menacé, que ce soit par la guerre voisine, par une potentielle explosion de la base, ou par la nécessité de s'unir au reste de la Moldavie pour rejoindre l'Union d'à côté.

Dans les rues désertes de Cobasna, c'est encore plus calme. De nombreuses maisons sont abandonnées et les passants se font rares. Sur un flanc de la colline qui domine le village, la silhouette du complexe militaire se devine. « *Il n'y a pas de problèmes particuliers ici. Rien n'est interdit, vous pouvez aller où vous voulez, visiter ce que vous souhaitez, il suffit de vous annoncer à la police locale et ils vous accompagneront* », assure, un brin caustique, un vieil homme qui discute avec un voisin. Lorsque les questions se font plus précises, il change de ton : « *Le problème, ce sont les Américains, pas les Russes. De toute façon, on ne les voit jamais, les soldats, ils ne sortent quasiment pas de la base.* » Plus loin, une vieille femme plume un poulet sous le porche de sa maison. « *Bien sûr que nous préférerions qu'ils ne soient pas là. Mais nous ne pouvons rien y faire. Finalement, nous nous y sommes habitués. Ce à quoi nous ne nous habituons pas, c'est au risque de guerre en ce moment…* » Derrière elle, son mari, infirme de guerre, patiente, immobile, pendant qu'elle poursuit : « *Les Ukrainiens sont nos frères. J'ai vu à la télévision qu'un coup d'État allait avoir lieu chez eux, qu'un général allait remplacer le président et que tout rentrerait dans l'ordre. On ne veut que ça : la paix.* »

À Rybnitsa, dans le local de la sécurité intérieure où nous sommes retenus, les heures passent. Les interrogatoires sont interrompus par l'appel d'un supérieur hiérarchique. Sans vraiment savoir ce qui nous a disculpés, nous sommes libérés : tel est le paradoxe de la Transnistrie, entre dictature et absurdie. Où une rigidité de façade masque parfois un laisser-faire de circonstance, et où chacun, à tous les niveaux de la société, se réfugie dans un immobilisme teinté de soviétisme. Comme pour oublier que la confrontation entre Est et Ouest atteint un nouveau paroxysme. XXI

> « Rien n'est interdit, vous pouvez aller où vous voulez, visiter ce que vous souhaitez, il suffit de vous annoncer à la police locale. »
>
> **UN VIEIL HABITANT** DE COBASNA

Fouillés, séparés, interrogés

Nous nous sommes rendus en Transnistrie en compagnie d'un traducteur en novembre 2023. Pour y entrer depuis la Moldavie, il faut présenter un passeport et régler un droit d'entrée à l'un des checkpoints gardés par les forces de sécurité. Nous n'avons pas précisé notre véritable profession aux autorités locales puisque les journalistes ne sont pas autorisés à se rendre dans le territoire sécessionniste. Remontant vers le nord par l'axe routier principal de la zone, nous nous sommes arrêtés dans les villages de Goian et Jura sur la route de Rybnitsa, la plus grande ville, d'où nous avons roulé jusqu'au village de Cobasna, à une quinzaine de kilomètres à l'est, sur la frontière ukrainienne.

La zone de la base militaire étant sensible, nous nous en sommes approchés progressivement. C'est lorsque nous avons cherché à nous rendre dans un café à ses abords que nous avons été interceptés par des soldats russes. Ils ont confisqué nos passeports et nous ont immobilisés en attendant l'arrivée d'un gradé. Allions-nous être détenus dans l'enceinte de la base ? Cela présentait un avantage : personne ne peut la visiter. Et un inconvénient : nous aurions alors été sur le sol russe. C'est finalement au siège des services de sécurité transnistriens que nous avons été fouillés, séparés et interrogés. Face à notre silence – nous étions convenus au préalable que nous ne parlerions pas –, le ton s'est fait plus rude. *« Vous pourriez avoir de sérieux problèmes si vous me mentez »*, a lancé le responsable qui jouait le *good cop* jusqu'alors. Tandis que le ton montait et que le temps passait, nous avons envisagé de devoir passer la nuit en détention. La perspective était peu engageante. **C. F. ET A. H.**

« La Transnistrie reste une épine dans le pied de la défense ukrainienne »

Michael Éric Lambert, chercheur spécialiste de la Transnistrie, est aujourd'hui expert en sécurité pour l'agence de renseignement économique Pinkerton, à Dublin.

XXI Quelles relations la Transnistrie entretient-elle avec son grand frère russe ?
Contrairement à ce que l'on pourrait penser, la Transnistrie a une relation très ambiguë avec la Russie. Une partie des élites transnistriennes voudraient l'indépendance, pour avoir le contrôle des armes laissées sur leur territoire. C'est la raison pour laquelle des troupes russes ont été maintenues sur place : pour s'assurer que les Transnistriens ne prennent pas le contrôle des entrepôts afin de vendre les munitions clandestinement. De plus, c'est un miroir déformant que la petite région tend à la Russie : celle d'aujourd'hui est beaucoup plus capitaliste et sauvage que celle dont les Transnistriens ont la nostalgie. Ils rêvent encore d'une Union soviétique où toutes les communautés vivaient harmonieusement.

La Russie considère-t-elle toujours la base de Cobasna comme un atout stratégique ?
Cobasna et la Transnistrie restent une épine dans le pied de la défense ukrainienne, un levier que les Russes

JONAS BENDIKSEN / MAGNUM PHOTOS

Devant le Parlement transnistrien à Tiraspol, la statue de Lénine témoigne de la nostalgie de l'URSS.

peuvent utiliser pour faire pression sur les Moldaves, et qui leur permet de continuer à exercer une influence politique et empêcher un trop grand rapprochement avec le voisin roumain, et l'UE en général. Mais si la base est intéressante stratégiquement pour la Russie, c'est paradoxalement surtout les Ukrainiens qui pourraient en profiter.
Elle contient encore des équipements, dont des munitions et des kalachnikovs. Certes ces équipements sont anciens et on ne connaît pas leur état, mais l'Ukraine souffre d'un tel manque d'armement dans sa guerre contre la Russie que c'est une opportunité alléchante. Si les Ukrainiens prennent possession de la base, cependant, il existe un risque pour toute la région : que les Russes décident de la faire exploser. Les événements de mai 2022 [des missiles non revendiqués se sont écrasés en Transnistrie, ndlr] ont montré que c'était possible. Au même moment, des drones ont survolé Cobasna. Impossible de savoir quel camp les pilotait : les Transnistriens accusent les Ukrainiens, tandis que les Occidentaux y voient une tentative de déstabilisation de la part de la Russie.

Tous les Transnistriens que nous avons rencontrés sont persuadés que la Russie va s'imposer…

C'est dans leur intérêt que la Russie gagne. Dans le cas contraire, on peut imaginer que l'Ukraine récupère une partie de la Transnistrie et cède en échange à la Moldavie un accès à la mer Noire. Ce qui permettrait aux Moldaves d'exporter beaucoup plus de fruits, de légumes et de blé vers l'Europe.

PROPOS RECUEILLIS PAR ANTOINE HARARI

Une paix précaire

La Transnistrie, ou république moldave du Dniestr (RMD), dont la capitale est Tiraspol, tire son nom du fleuve Dniestr, mais n'est nommée ainsi que par les populations roumanophones. Les russophones, eux, parlent de la Pridnestrovie. En 1990, le petit territoire proclame unilatéralement son indépendance (non reconnue au niveau international), ce qui engendre une guerre civile. En résultent 1132 morts, plus de 3 500 blessés et 130 000 déplacés, selon un rapport du centre d'étude d'Europe de l'Est de Stockholm (Suède). Le 21 juillet 1992, la 14e division de l'Armée rouge force Moldaves et Transnistriens à signer un cessez-le-feu. L'accord prévoit la création d'une zone de sécurité démilitarisée le long du fleuve et la constitution d'une force tripartite – russe, moldave et transnistrienne – de maintien de la paix. À partir de 1993, des soldats russes sont également placés devant l'ancienne base soviétique de Cobasna.

Malgré la fin des hostilités, aucun traité de paix n'a été reconnu par les Moldaves et les Transnistriens, qui, officiellement, sont donc toujours en guerre. En 2003, un nouvel accord a été signé, sous l'égide de la Russie. Des postes de contrôle ont été installés à chaque frontière.

La Moldavie, pas plus que la Russie, ne reconnaît l'existence de la Transnistrie et la considère comme l'une de ses régions. Celle-ci possède néanmoins sa propre constitution, son drapeau ainsi qu'un président et un Parlement. En 2006, un référendum sur le rattachement à la Russie a été organisé. 78 % de la population y a participé et voté à 97 % pour une annexion russe. **C. F. ET A. H.**

À lire, à écouter, à voir

Transnistrie : entre Russie et URSS
documentaire de Lauriane Dherbecourt, 2022
La réalisatrice donne la parole aux habitants, pour souligner l'attentisme des populations et les rapports toujours très ambigus entretenus avec la Russie.

Le cas de la Transnistrie (Russie-Moldavie)
podcast Les Enjeux internationaux France Culture, 2014
Il y a dix ans, Nicolas Trifon, historien spécialiste de la Moldavie, notait déjà, pendant les soulèvements populaires de Maïdan (Ukraine), une situation de *« statu quo précaire »* concernant le statut de l'État fantôme.

Un État en quête de nation, La République de Moldavie
de Matei Cazacu et Nicolas Trifon
éd. Non Lieu, 2010
Nicolas Trifon – encore lui – coécrit ce livre de référence sur l'histoire de la Moldavie et les enjeux régionaux actuels, autour notamment de la Transnistrie.

Moldavie, repères et perspectives
sous la direction de Catherine Durandin et Irina Grandin
éd. L'Harmattan, 2017
Cet ouvrage collectif éclaire la détresse de la société moldave à la lumière de sa position fragile, soumise aux influences russe et roumaine.

Décédé, il menait grand train

TROIS ANS APRÈS AVOIR SIGNÉ POUR ÊTRE LE CHAUFFEUR DE « MONSIEUR RUDOLPH », ALEXANDRU ATTERRIT AU TRIBUNAL AUX CÔTÉS DE SON PATRON. LE PROCÈS A MIS AU JOUR UN ÉCHAFAUDAGE D'ESCROQUERIES, QUI PREND RACINE EN UKRAINE.

Par Clara Hesse
Illustrations Benoît Hamet

Alexandru Arman a toujours eu une excellente mémoire des dates. Il se souvient comme si c'était hier de la soirée du 30 octobre 2015 à l'hôtel Levernois. Avec sa femme, Ekaterina, et leur fille âgée de 5 ans, ils ont été invités par son nouvel employeur, l'épouse de celui-ci, Alla, et leurs quatre enfants pour une quinzaine de jours dans un cinq-étoiles, à Beaune, en Bourgogne. *« C'était un endroit de rêve, on n'avait jamais vu ça »*, sourit encore le trentenaire au visage poupin et au physique d'armoire à glace. Ce soir-là, alors que les convives découpent leur volaille de Bresse

L'hôte s'éclipse pour prendre un appel. L'assiette est encore fumante lorsqu'il revient. Il se rassied et annonce : « On est propriétaires d'un château ! »

au restaurant gastronomique, l'hôte s'éclipse pour prendre un appel qu'il a semblé attendre durant tout le dîner. L'assiette est encore fumante lorsqu'il revient. Attrapant un serveur au vol, il commande du champagne et, tout en se rasseyant calmement, annonce : *« On est propriétaires d'un château ! »*

L'autre date qu'Alexandru Arman n'est pas près d'oublier, c'est le 5 octobre 2018. Trois ans après. Ce jour-là, en début d'après-midi, les derniers touristes de la saison prennent leurs desserts sur la terrasse du château de La Rochepot, bel et bien devenu propriété de son employeur. Quand, soudain, Alexandru se retrouve aux premières loges d'un ballet de gyrophares et de sirènes hurlantes : *« Police, ouvrez ! »* Comme il l'apprendra plus tard et à ses dépens, le parquet de Dijon a saisi un an auparavant la section de recherches d'une enquête sur les nouveaux châtelains. La police aux frontières et l'agence européenne de police criminelle Europol sont aussi sur le coup, soupçonnant l'homme au champagne d'être la clef de voûte d'une escroquerie internationale et d'une opération de blanchiment commise en bande organisée ultra sophistiquée.

D'interrogatoires interminables en détention provisoire, après avoir été traité comme un criminel, le modeste Moldave jusqu'alors sans histoires se retrouve à partager le banc des prévenus avec son patron, lors de leur procès, qui s'ouvre en novembre 2022 à Nancy. À leurs côtés, quatre femmes sont également poursuivies : l'épouse et la maîtresse de l'escroc ukrainien, l'ancienne gérante de la société chargée de l'exploitation du château ainsi qu'une avocate du barreau de Paris. Pas exactement le *French way of life* que le jeune père de famille était venu chercher lorsqu'il avait accepté cet emploi – certes non déclaré.

Trois billets de 500 euros

Un homme d'affaires ukrainien, engagé en politique, qui a quitté son pays pour fuir la guerre et se réfugier à Paris, cherche des personnes de confiance, et plus précisément un chauffeur particulier parlant russe et français. C'est ainsi que la femme a présenté la mission à Alexandru, dans un français parfait mâtiné d'un léger accent russe, quand elle lui a téléphoné au printemps 2015. Un ami qui fréquente la même église orthodoxe que lui en région parisienne lui avait signalé le bon plan. Alexandru Arman vient alors de débarquer de Moldavie, avec un diplôme en économie internationale et la promesse d'un avenir meilleur pour sa famille dans un pays dont il a baragouiné la langue au cours de ses études. Sa large carrure lui a valu des propositions d'embauches dans le BTP, mais ça ne l'intéresse pas.

Le premier rendez-vous avec « Rudolph » a lieu à la terrasse d'un café parisien, non loin de l'Arc de Triomphe. *« Il attendait déjà quand je suis arrivé,* raconte le trentenaire à la barre du tribunal. *Pour moi, c'était une sorte de réfugié politique, qui avait quitté l'Ukraine pour de bonnes raisons. »* Ils ont le même âge, mais la ressemblance s'arrête là. « Rudolph » affiche une mine fière dans son costume gris Hermès, assis aux côtés d'une grande Ukrainienne, mince et classe, aux cheveux châtains, dénommée Kateryna Rusanova. La femme du téléphone. *« Elle était manifestement son bras droit et une amie de la famille. En tout cas, ils se comportaient comme des amis. »* Le recruteur ne demande pas son patronyme au futur employé – et ne donne pas le sien non plus –, mais s'enquiert de savoir si celui-ci possède une voiture, le permis, et s'il connaît Paris, avant de l'interroger sur ses prétentions salariales. Alexandru n'en a pas :

il est si désespéré qu'il est prêt à travailler pour 1 000 euros par mois. Trois billets de 500 euros glissent sur la table. C'est la première fois que le Moldave en voit.

Avec ses tuiles vernissées, ses deux tours rondes et son côté forteresse bâtie sur un site escarpé, le château de La Rochepot semble tout droit sorti d'un conte de fées. Deux ponts-levis, un puits de 72 mètres creusé dans le roc et une chapelle du XIIe siècle viennent parachever ce que les guides décrivent comme le « *fleuron touristique* » du village du même nom. Blottie en contrebas, la petite commune viticole de 288 habitants entretient son allure de carte postale bourguignonne, en Côte-d'Or, à une quinzaine de kilomètres à l'ouest de Beaune. Tout autour, la nature s'épaissit, luxuriante, tandis que les vaches charolaises paissent.

Après avoir bourlingué sur un petit chemin boisé qui grimpe, la Citroën C6 aux vitres teintées d'Alexandru Arman se gare devant les douves sous le soleil de ce 23 juin 2015. À son bord, Rudolph, accompagné de Kateryna Rusanova. Dans une Mercedes noire, Alla, la femme de son nouveau patron, les attend déjà. Peu maquillée, les yeux bleus perçants et les cheveux cendrés, l'Ukrainienne a fait le déplacement depuis Cannes où elle réside, loin de la grisaille de l'avenue Raymond-Poincaré, à Paris, où vit son mari. Alexandru reste dans la voiture. Une habitude depuis qu'il est chauffeur à plein temps. La visite est organisée par l'agence parisienne Patrice Besse, spécialisée dans la vente de « *biens de caractère* ».

Voilà trois ans que la bâtisse médiévale joue la belle endormie. La veuve de Sadi Carnot, président de la Troisième République, en a fait l'acquisition en 1893, avant de la léguer à son fils. À l'époque, le bâtiment était en ruine et Lazare Hippolyte Sadi Carnot a entrepris durant les vingt-six années suivantes de le rénover et de le décorer. Dans une chambre tout en chinoiseries, un bouddha offert à son père par la dernière impératrice de Chine est devenu la touche exotique préférée des touristes. Ouvert au public depuis les années 1960, le château a accueilli jusqu'à 30 000 visiteurs lors de ses meilleures saisons. Il a même été, selon *Le Journal de Saône-et-Loire*, le troisième monument le plus visité de Bourgogne, après les Hospices de Beaune et l'abbaye de Fontenay ! Pour être mis en vente en juin 2012.

L'annonce a provoqué l'émoi des Larochepotois. Ici, chaque famille est fière de compter au moins un homme ayant participé à la rénovation, du vivant du colonel Carnot. Tous les écoliers du département l'ont visité. Et c'est dans son parc qu'on se promène le dimanche après un déjeuner arrosé. En cet été 2015, les habitants craignent que leur monument devienne la résidence secondaire d'un riche étranger peu impliqué. Heureusement, l'héritière, Sylvie Carnot, ne souhaite pas vendre au plus offrant. « *Le futur postulant au rôle d'occupant devra prouver son engagement de conservation et de respect total, pour espérer un jour devenir maître des lieux* », a-t-elle posé comme condition dans l'annonce, du haut des collines de San Francisco où elle habite. Ainsi, malgré les centaines de requêtes, l'agence ne fait pas visiter à n'importe qui.

L'offre de ces Ukrainiens, amoureux de bons vins et de culture française, est retenue. Deux millions et demi d'euros. Et les tâches d'Alexandru

Dans une chambre, un bouddha offert à Sadi Carnot par la dernière impératrice de Chine est devenu la touche exotique préférée des touristes.

« Je ne me posais pas la question du pourquoi ni du comment, parce que je ne pensais pas faire quelque chose de mal. »

ALEXANDRU ARMAN HOMME À TOUT FAIRE DE « MONSIEUR RUDOLPH »

Arman évoluent: *« À la demande de monsieur, j'ai souscrit un abonnement à mon nom à la conciergerie John Paul à Paris. Avant qu'il m'en parle, j'ignorais que ce type de services existait. »* Par le biais de cette entreprise, celui qui devient homme à tout faire réserve des billets de spectacle, des hôtels cinq étoiles, va chercher en boutique des vêtements, de la maroquinerie ou de l'horlogerie de luxe, comme ces boutons de manchettes Fabergé qu'il récupère chez Victor Mayer, ou ces montres à 20000 euros pièce qui l'attendent chez Rolex ou Chaumet. Toutes les factures sont préparées à l'avance au nom d'Alexandru Arman, qui les règle avec les cartes bancaires des différentes sociétés de son employeur: Lesla Corp, Histore Corp, Sailine Corp ou Vergadain. *« Je ne me posais pas la question du pourquoi ni du comment, parce que je ne pensais pas faire quelque chose de mal »*, se justifie Arman.

Truffière et héliport

Pendant ce temps, au village, les Ukrainiens ne chôment pas. Kateryna Rusanova – Katya pour les intimes – se présente aux habitants comme la gérante du château, chargée par le nouveau propriétaire de le *« développer »*. Comme par le passé, les artisans du coin sont sollicités. Le projet est d'en faire un *« lieu de vie »*, dit-elle en français, à la fois pôle culturel et œnologique. Kateryna y met toute son énergie, multipliant les devis de rénovation et les commandes. Elle passe six mois pendue au téléphone pour régler les problèmes d'électricité, de gaz et d'Internet, embaucher des salariés, rouvrir la billetterie et programmer les visites guidées pour la nouvelle saison, qui doit débuter au printemps 2016. De son côté, celui qui se fait appeler monsieur Rudolph par les habitants rencontre le maire, Jérôme Billard, à qui il confie son souhait d'investir dans la commune. Peut-être pourrait-il financer la rénovation du toit de l'église? Ou racheter l'hôtel-restaurant à l'entrée du village? Il évoque un budget de plusieurs dizaines de milliers d'euros et des projets de construction, plus ambitieux les uns que les autres: une truffière, un négoce de vin, un héliport sur un terrain attenant et même un bar perché dans les arbres. La SARL Château de La Rochepot ouvre une boutique dans les anciennes écuries. Premier achat: des dizaines de caisses de vin Billard Père et Fils, le domaine viticole du premier édile.

L'habitacle de la berline d'occasion aux vitres teintées, payée par son patron en coupures de 200 et 500 euros, doit avoir un côté confessionnal pour que celui-ci s'y épanche autant. « *Un jour, il m'a montré une pièce d'identité roumaine et m'a dit qu'il s'appelait Marius Daniel Mirza,* raconte l'ancien chauffeur. *Sur Internet, j'ai essayé de faire des recherches, j'ai rentré ses nom et prénoms mais je n'ai rien trouvé.* » Alexandru Arman n'est pas là pour juger. Même s'il aime comparer à une série romantique la vie sentimentale de son patron. *Les Feux de l'amour,* version slave: séparé mais pas divorcé d'Alla – sa femme et mère de ses quatre enfants –, Rudolph/Marius entretient depuis plus d'un an une relation sentimentale avec une certaine Olga Kalina, fille d'une riche famille ukrainienne, qui dirige un salon de coiffure chic à Kiev. Quelques mois à peine après avoir été embauché, Alexandru Arman fait sa connaissance: il réserve pour les amants quatre nuits au Château Hôtel Mont Royal, à La Chapelle-en-Serval, un cinq-étoiles au cœur de la forêt de Chantilly, pour 40 000 euros. « *Il m'a dit qu'il fallait que je comprenne qu'Olga n'était pas sa femme et que je ne devais pas raconter que je l'avais vue avec lui.* » Pourtant, à compter de l'acquisition du château, la présence de la maîtresse se fait plus régulière. « *Et à partir de l'été 2016, les problèmes ont commencé* », résume Alexandru encore dépité.

« *La saison avait démarré en avril et tout se passait bien. Le service de restauration avait été mis en place et j'avais commencé à monter le dossier pour les Bâtiments de France,* se remémore Kateryna Rusanova. *Et puis, il n'y a plus eu d'argent sur le compte.* » Les impayés s'accumulent. Électricien, plombier, architecte, terrassier... Tous les artisans qui avaient foncé tête baissée viennent la trouver. Sauf qu'en réalité, ce n'est pas elle qui gère l'argent: « *Je n'avais qu'un pouvoir de signature donné par l'épouse, Alla, gérante de droit, qui faisait les virements pour les salaires et factures sur mon feu vert.* »

Au même moment, elle découvre qu'Olga est la maîtresse de Rudolph. « *Olga est ici chez elle* », la met-on en garde. « *Je ne comprenais plus quel était mon rôle. Olga mettait son grain de sel partout, et avec tellement de mauvais goût: elle était peintre à ses heures et voulait accrocher ses propres tableaux dans le château, quand j'imaginais plutôt des affiches liées*

« La saison avait démarré en avril, la restauration était en place, et tout se passait bien. Et puis, il n'y a plus eu d'argent sur le compte. »

KATERYNA RUSANOVA GÉRANTE DU CHÂTEAU DE LA ROCHEPOT

aux grandes maisons de vin. Je me suis sentie agressée professionnellement. » Kateryna n'a plus les coudées franches. « *En deux jours, tout a basculé.* »

Fin juillet, une dispute éclate entre le mari, l'amante et la gérante devant les employés du château. Ils se parlent en russe, Alexandru comprend tout. Kateryna Rusanova exige que les recettes soient déposées à la banque chaque fin de semaine, mais le couple Rudolph-Olga lui rétorque que ce sont eux qui décident. Ils ont pris l'habitude de puiser dans les caisses en fonction de leurs besoins, constate-t-elle, paniquée par les libertés qu'ils prennent. Elle insiste : « *Certains ouvriers ne sont pas déclarés* », faisant référence aux Moldaves logés dans une dépendance, qui effectuent des travaux dangereux, assurés par une simple corde, ou qui dessouchent des restes d'arbres dans le parc à coups de pioche. Elle a « *peur de finir en prison* ». Face à sa détresse, les châtelains explosent de rire : « *Ce n'est pas toi qui iras en prison, mais Alla. C'est déjà prévu pour elle.* » L'Ukrainienne est scotchée. « *Que pouvais-je faire ? Appeler la police ?* » Dès le lendemain, elle claque la porte, avertissant Alexandru et sa femme : « *Sauvez-vous, vous ne le connaissez pas !* »

Les cendres de son mari

Quelques semaines après cet épisode, Alexandru trouve une feuille, qui ne lui est pas destinée, à l'arrière de la C6. Quelques phrases y sont griffonnées en ukrainien : « *Concernant le licenciement de Katya… est-ce qu'un citoyen européen peut être gérant ?* […] *En attendant la préparation de tout ça, ne pas avertir Katya* […] *Alex – nouveau gérant – préparer la direction de la SCI.* » Lui, le simple chauffeur, gérant d'un château ?! « *J'ai pensé, "bingo, je vais enfin être déclaré", alors j'ai accepté* », confie-t-il à la présidente du tribunal de Nancy. Naïveté ? Reconstitution des faits ? À partir du 16 septembre 2016, Alexandru Arman est officiellement nommé gérant de la SCI luxembourgeoise Domaine de La Rochepot. Avec sa femme, ils s'installent au village, dans une petite maison, tandis que son patron mène la grande vie à Beaune.

Le nom de « Marius Daniel Mirza » figure sur le badge avec lequel il entre comme dans un moulin au Conseil de l'Europe à Strasbourg.

Alexandru Arman a appris avec Rudolph à ne pas voir, ne pas entendre et surtout ne pas répéter ou demander. Le procureur de Nancy le dit autrement : « *Sa souplesse à l'égard de son employeur, qui consiste à lui rendre un certain nombre de services sans poser la moindre question, n'a d'autre contrepartie pour Alexandru Arman que de pouvoir conserver sa place et sa situation.* » Son patron utilise « Rudolph » avec les inconnus, comme Sylvie Carnot, le maire de La Rochepot ou les habitants du village. Le nom de « Marius Daniel Mirza » figure sur ses analyses médicales ou sur le badge avec lequel il entre comme dans un moulin au Conseil de l'Europe à Strasbourg. Dans certains magasins de luxe, l'homme a déjà donné le nom de « Dmitri Tsitsianov » pour mettre des achats de côté.

Mais le jeune Moldave ne s'émeut de rien, habitué qu'il est à lui préparer des valises de billets pour l'Ukraine. Ainsi, quand son patron le missionne, à la rentrée 2017, pour aller scolariser ses quatre enfants à l'école privée Saint-Cœur, à Beaune, sous le nom de Tsitsianov, il s'exécute. C'est l'école que fréquente sa fille à lui, il explique travailler avec leur père, et l'inscription se fait sans problème. Mais, au retour des vacances de la Toussaint, la directrice de l'établissement lui tombe dessus : les enfants de son patron sont repartis à Cannes, chez leur mère. Et Alexandru ne peut pas s'empêcher d'entendre : « *Vous savez que leur père s'appelle en réalité Dmitri Malinovsky et qu'il se fait passer pour mort en Ukraine depuis 2014 ?* »

En février 2014, l'Ukraine est secouée par une guerre qui gronde dans le Donbass, opposant le

« Vous savez que leur père s'appelle en réalité Dmitri Malinovsky et qu'il se fait passer pour mort en Ukraine depuis 2014 ? »

LA DIRECTRICE DE L'ÉCOLE PRIVÉE SAINT-CŒUR, S'ADRESSANT À ALEXANDRU

gouvernement à des séparatistes pro-russes soutenus par Vladimir Poutine. Au sud du pays, à Odessa, ville portuaire sur la mer Noire et royaume de la contrebande comme des mafias, Dmitri Malinovsky est, depuis quelques années déjà, dans le collimateur des autorités judiciaires. C'est ce que raconte par le menu l'ordonnance de renvoi devant le tribunal correctionnel de Nancy lorsqu'elle évoque la personnalité de l'intéressé en vue de son procès.

Malinovsky a été conseiller municipal à Odessa en 2006 pour le Parti des régions – formation pro-russe longtemps dirigée par l'ancien président Viktor Ianoukovitch. Son nom est ensuite cité dans plusieurs dossiers louches qui l'ont mené en prison de mars à juillet 2014 : escroqueries, pots-de-vin et corruption. Dans ces milieux, il est considéré comme un petit poisson. Mais l'Ukrainien est malin, et surtout très gourmand. À sa sortie, il a été mis en cause dans une nouvelle affaire. Un contrat de 13 millions d'euros, dans lequel il aurait joué le rôle d'intermédiaire, pour la fourniture d'engrais à une entreprise spécialisée dans les fertilisants chimiques, Dreymoor Fertilizers, installée à Singapour et détenue par un homme d'affaires russe, Alexander Shishkin. Ce dernier

n'a jamais réceptionné la marchandise, et l'argent de la transaction s'est envolé.

Étrangement, quelques mois après la signature du contrat, l'épouse Malinovsky signale la mort de son mari aux autorités. Alla affirme que celui-ci a disparu depuis des semaines et qu'elle a récemment reçu par l'entremise d'un inconnu une urne funéraire contenant ses cendres. Son mari aurait succombé à un accident de la route près de Louhansk, en pleine zone de guerre. Aucune enquête n'est diligentée par la police ukrainienne. Un acte de décès est délivré, indiquant que l'homme est mort le 24 octobre 2014.

Mais le procureur d'Odessa, Igor Chorniy, est persuadé qu'il s'agit d'un mensonge, orchestré par l'homme et ses proches, pour sauver sa peau et détourner les millions d'euros. Un mandat d'arrêt est délivré par les autorités ukrainiennes le jour de l'ouverture de son procès devant la cour d'Odessa, auquel il ne se présente évidemment pas. Sa fuite entraîne son inscription en septembre 2015 au fichier des personnes recherchées d'Europol.

C'est la fronde des artisans qui met le feu aux poudres en septembre 2017. Elle couve depuis plusieurs mois, menée par les ouvriers et employés du château, ulcérés de ne pas avoir été payés. Alexandru a essayé d'éteindre l'incendie comme il a pu en réglant quelques-unes des factures. Les autres sont allés raconter leur infortune à Manuel Desbois, journaliste au *Bien Public*, le quotidien régional. Intrigué, le reporter a mené l'enquête. «*J'ai rencontré un premier artisan qui m'a parlé d'une ardoise de 8 000 euros, puis il m'a envoyé en voir un autre qui réclamait le double et ainsi de suite, jusqu'à l'office du tourisme qui ne vendait plus de tickets d'entrée pour le château car la cotisation annuelle de l'établissement – 550 euros – n'avait pas été payée.*» Trois mois plus tard, le journal titre en une: «*Factures impayées: le château a perdu son crédit*». Parmi les lecteurs, le procureur du parquet de Dijon, qui saisit la section de recherches de Dijon d'une enquête préliminaire.

Au cours des recherches, les enquêteurs français découvrent une plainte de l'épouse, Alla, déposée des mois auparavant par son avocat, au procureur de Grasse, disant: «*Madame Malinovska Alla vient d'avoir la révélation que monsieur Malinovsky n'était en fait pas décédé*» et «*que, selon toute vraisemblance, il avait organisé sa disparition pour échapper à d'éventuelles poursuites pénales dont il faisait l'objet en Ukraine*». La jeune femme évoque des «*pressions et menaces*» notamment sur leurs enfants qu'il aurait tenté d'enlever au cours de l'été 2017. Les dominos n'en finissent plus de tomber.

> « Un premier artisan m'a parlé d'une ardoise de 8 000 €, puis il m'a envoyé en voir un autre qui réclamait le double et ainsi de suite… »
>
> **MANUEL DESBOIS** JOURNALISTE AU QUOTIDIEN RÉGIONAL *LE BIEN PUBLIC*

Pointer au commissariat

Le 5 octobre 2018, Alexandru et sa femme sont arrêtés. Elle est rapidement écartée de l'enquête; lui passe deux mois et dix-sept jours en prison avant d'être relâché sous contrôle judiciaire, le jour de Noël. À son domicile, les enquêteurs ont trouvé des mallettes contenant des chèques-vacances et 16 500 euros en espèces, «*petit pécule*» qu'il s'est constitué parce qu'il n'a «*pas confiance dans le système bancaire mondial*». Constitué comment? Pas avec ses salaires en tout cas: «*Dmitri lui avait promis 3 000 euros par mois mais ne le payait pas*», indique la femme du Moldave aux enquêteurs. Les sommes proviennent des recettes du château.

Relaxé du chef de travail dissimulé et de complicité de blanchiment, Alexandru est condamné pour abus de biens sociaux à une peine d'emprisonnement couverte par la détention provisoire. S'ajoutent un peu plus de 120 000 euros de dommages et intérêts, à payer solidairement avec Malinovsky en dédommagement des sommes détournées au détriment des sociétés Château de La Rochepot et Roche Pot – notamment pour assurer le train de vie de son patron, même si Alexandru Arman n'en a pas profité, il en était le gérant.

> **Le mobilier, des chaudrons en cuivre aux services Baccarat en passant par le bouddha en bois, a été mis aux enchères pour solder une partie des dettes.**

À la barre, l'Ukrainien ne reconnaît rien. Pas plus qu'Olga Kalina, Alla Malinovska ou Katya Rusanova, jugées pour les mêmes faits, les armes et les faux papiers en moins. Pourtant, l'enquête détermine que l'escroc a blanchi entre 2014 et 2018 plus 4,7 millions d'euros, dont 3,3 millions lors de l'achat du château, de gravures de Salvador Dalí, de la Rolls-Royce Phantom VI – ultra rare – cachée dans une dépendance, et de l'hôtel-restaurant à l'entrée du village. Le reste – les valises remplies de billets de 500 euros et l'argent pioché dans la caisse du château – permettait d'assurer son train de vie somptuaire, celui de sa femme et de sa maîtresse – des sacs Hermès aux opérations de chirurgie esthétique en Suisse. Le tout grâce à des sociétés domiciliées dans des paradis fiscaux – Belize, République dominicaine ou Panama. Partie civile au procès, Dreymoor Fertilizers est déboutée, même si Alexander Shishkin, son riche patron russe aux souliers rouges en cuir de crocodile reste persuadé d'avoir été spolié. L'infraction n'ayant pas eu lieu sur son territoire, la justice française n'en est pas saisie. Une procédure en Ukraine est toujours en cours. « *Nous attendons une décision ukrainienne qui nous permettra de consolider l'infraction initiale d'escroquerie* », indiquent les avocates de Dreymoor.

Le 21 novembre 2022, Dmitri Malinovsky est condamné par le tribunal correctionnel de Nancy à quatre ans et demi d'emprisonnement sans mandat de dépôt certes – ordre immédiat d'incarcérer – ainsi qu'à une lourde amende de 100 000 euros à titre de peine principale, condamnations frappées toutes les deux de l'exécution provisoire. Ayant déjà passé plus de trois ans en détention dans l'attente de son procès, il ne lui reste en théorie que onze mois de prison à effectuer. Mais parce qu'il a interjeté appel, avec Alexandru Arman et Olga Kalina, les cartes pourraient être rebattues à l'issue d'un second procès. En conséquence, la justice française ne s'évertue pas vraiment à faire exécuter les peines de l'Ukrainien. À mesure que les semaines et les mois passent, Malinovsky ne semble plus intéresser grand monde et une seule contrainte lui incombe : celle de rester à disposition de la justice ukrainienne puisqu'une enquête est toujours en cours dans son pays d'origine. Concrètement, Malinovsky a l'obligation d'habiter à Nancy et de pointer au commissariat deux fois par semaine.

Depuis plus de cinq ans maintenant, le château, dont la présence est toujours signalée par des pancartes le long de l'autoroute A6, est fermé au public. Son sort est entre les mains de la justice, qui l'a confisqué. Son mobilier, des chaudrons en cuivre aux services Baccarat, a été mis aux enchères pour solder une partie des dettes. Le bouddha en bois sculpté, laqué et doré, de l'impératrice Tseu-Hi, assis en *padmasana*, a été adjugé 59 425 euros à un Bourguignon. Quant à Alexandru, il vit toujours au village de La Rochepot, dans sa petite maison au pied du château. Il a trouvé un emploi au Novotel de Beaune, où il a débuté comme réceptionniste. Il est maintenant assistant chef de réception.

Le dindon de la farce

Tout a commencé par un SMS, reçu fin octobre 2022, de la part d'une amie journaliste de l'Agence France Presse : *« Grosse affaire sur un château en Bourgogne racheté par un Ukrainien qui s'est fait passer pour mort dans son pays. »* Deux semaines après, je suis aux premières loges pour assister aux débats, à Nancy, dans ce dossier aux multiples tiroirs entre la France et l'Ukraine, digne d'une série Netflix. Je couvre le procès pour *Le Parisien*. Comme toujours, dès le premier jour, je me rapproche des avocats si je ne les connais pas. Et ainsi de leurs clients. C'est comme ça que je me retrouve lors d'un déjeuner à la même table qu'Alexandru Arman.
Assez rapidement, je comprends que le Moldave est méprisé par les autres prévenus, ne venant pas du même pays ni du même milieu social.
Un monde les sépare. S'il a cru prendre du galon et mettre sa famille à l'abri en acceptant cet emploi de chauffeur, il se retrouve aujourd'hui dindon de cette énorme farce. À mes yeux, après avoir suivi cette affaire pendant des mois, il est le moins malhonnête d'entre eux. Ce gars gentil, un peu gauche, avec son français aux accents slaves qui déclare son amour à sa femme dans des vidéos super kitsch visibles sur sa chaîne YouTube, j'ai fini par le trouver sympathique. Et j'ai eu envie de raconter cette folle histoire de son point de vue. **CLARA HESSE**

« Cette histoire a tué le château »

Aujourd'hui, plus grand monde ne veut s'exprimer sur l'affaire du château de La Rochepot. Sylvie Carnot refuse les demandes d'interviews, et l'ancien maire, Jérôme Billard, ne souhaite plus prendre la parole sur le sujet. *« Le château a été vendu avec le souci de continuer à le faire vivre et cette histoire l'a tué »*, soupire Manuel Desbois, le journaliste au *Bien Public* par qui l'affaire a éclaté. Tous pensaient que Dmitri Malinovsky et son entourage seraient vite jugés et que le château serait aussitôt rouvert. *« Mais le temps judiciaire, les recours, l'inaction des collectivités et de l'État sur le dossier ont achevé de le flinguer »*, déplore le journaliste. Trois ans après l'arrestation des Ukrainiens, les villageois apprennent qu'une vente aux enchères du mobilier va avoir lieu, le 10 octobre 2021. Ils protestent, se mobilisent. *« Non au démantèlement du château ! »* Mais la mairie répond qu'elle ne peut pas faire grand-chose, manquant d'argent. Lancée par Romuald Pouleau, l'ancien gardien, une pétition pour sauver les meubles de la bâtisse récolte plus de 6 000 signatures, tandis qu'une cagnotte est montée par ailleurs. *« Les médias ont tous repris l'affaire, c'est même monté jusqu'à Stéphane Bern et le ministre de la Culture*, se souvient l'intéressé. *Jusqu'au dernier moment, on avait l'espoir de faire suspendre la vente. »* Peine perdue. L'argent récupéré permet de couvrir la dette auprès de l'État. Rien pour les artisans que le maître des lieux n'a jamais payés, et qui n'ont d'ailleurs jamais porté plainte. Ceux qui ont parlé à Manuel Desbois ont préféré rester anonymes. *« Ils avaient honte de s'être fait blouser »*, estime le journaliste. Depuis, le château de La Rochepot est toujours fermé au public. Les habitants le regardent se dégrader, se faire squatter, piller et devenir un terrain d'urbex. Confisqué par l'État et géré par l'Agence de gestion et de recouvrement des avoirs saisis et confisqués (Agrasc), il subit les ravages du temps et du manque d'entretien, tandis que la nature y reprend ses droits. La moindre fuite y serait dramatique, sans parler d'un incendie. Auprès des enquêteurs qui suggéraient de faire garder le château après l'arrestation des Ukrainiens, Romuald Pouleau, qui vit en face, s'était *« proposé pour le surveiller, bénévolement »*. On ne l'a jamais rappelé. **C. H.**

JEFF PACHOUD / AFP

Fermé depuis plus de cinq ans, le château de la Rochepot a vu son mobilier vendu aux enchères en octobre 2018. Depuis, il périclite.

Un imbroglio judiciaire sans fin

À peine débuté, le procès en appel de l'affaire du château de La Rochepot qui s'est ouvert le 30 octobre 2023 a été repoussé pour une durée indéterminée. En cause : l'utilisation de la notion de *« présomption de blanchiment »* (créée suite à l'affaire Cahuzac), qui renverse la charge de la preuve : il n'appartient plus aux juges de prouver l'origine illicite de fonds dissimulés au fisc, mais aux personnes qui ont dissimulé ces actifs de justifier de leur origine licite.

C'est cet article 324-1-1 du Code pénal qui a servi à faire condamner Olga Kalina à deux ans d'emprisonnement avec sursis. L'ex-maîtresse de Dmitri Malinovsky est poursuivie pour blanchiment aggravé et recel. Elle, c'est le bailleur de fonds, le maillon financier essentiel dans l'achat du château : elle a déboursé 2,5 millions d'euros à l'aide d'un crédit souscrit auprès de la banque suisse Pictet, dont elle était déjà cliente. La justice pense que ce prêt a été remboursé par Malinovsky avec de l'argent provenant de l'escroquerie réalisée au détriment de Dreymoor : l'opération serait alors considérée comme du blanchiment, mais cela n'a jamais pu être prouvé. De son côté, la riche Ukrainienne revendique aujourd'hui la propriété du château, arguant que les fonds ayant servi à rembourser le prêt proviennent de la vente d'une usine appartenant à ses parents dans le Donbass, en 2014, en pleine guerre. L'explication n'a pas été retenue par le tribunal.

Les avocats d'Olga Kalina ont donc introduit une question prioritaire de constitutionnalité (QPC) sur l'utilisation de cette *« présomption de blanchiment »*. Ils s'interrogent sur la rigidité du texte et son respect de la présomption d'innocence, lorsque certaines circonstances comme la guerre empêchent de retracer une opération financière. Depuis l'invasion russe de l'Ukraine, quinze des dix-sept enquêtes judiciaires lancées en France sur l'origine et le financement du patrimoine des oligarques russes reposent sur cette présomption. Les juges qui en sont saisis doivent statuer sur la QPC avant d'examiner l'affaire au fond. Ils ont finalement décidé le 29 novembre dernier de ne pas la transmettre aux Sages du Conseil constitutionnel, considérant que la question n'était pas « nouvelle » ni « sérieuse » – deux des trois conditions à remplir pour pouvoir la soumettre, dans un premier temps, à la Cour de cassation. Le procès en appel n'aura été retardé que de quelques mois : Dmitri Malinovsky, Olga Kalina et Alexandru Arman sont invités à se représenter devant la cour d'appel de Nancy à compter du 25 mars 2024. **C. H.**

À lire, à écouter, à voir

In Wartime: Stories from Ukraine
de Tim Judah (non traduit)
éd. Penguin, 2015
Depuis la révolution de 2014 en Ukraine, suivie de l'annexion de la Crimée par la Russie, le pays est en guerre. La désinformation règne, plus de deux millions de personnes ont été déplacées et les Ukrainiens doivent également mener une autre guerre : contre la corruption.

Pseudocide
podcast d'Alice Fiennes et Poppy Damon (en anglais)
Spotify, 2021
Deux saisons, quinze épisodes et des histoires de fausses morts mettant en scène une galerie d'escrocs et de bras cassés, mais aussi des aventures d'individus pris au piège de situations inextricables. Tous simulent leur mort, pas forcément pour de mauvaises raisons.

Inventing Anna
série de Shonda Rhimes
Netflix, 2022
La série s'inspire de l'histoire réelle d'Anna Sorokin, dite Anna Delvey. Une jeune Russe sans le sou qui se hisse au sommet de l'élite new-yorkaise, en arnaquant banquiers, avocats de prestige, et l'ensemble du monde de l'art et de la philanthropie.

L'argent russe et la Suisse
documentaire
de Christof Franzen, 2023
La Suisse, paradis de l'argent russe ? Il semblerait que plusieurs milliardaires russes cachent leurs fonds – notamment frauduleux – dans cet éden bancaire, malgré une législation plutôt stricte en la matière et des sanctions massives depuis le début de la guerre en Ukraine.

BANKA

Dernier poker à Riga

ROGER TAMRAZ SE VOYAIT DÉJÀ EN HAUT DE L'AFFICHE, À LA PRÉSIDENCE D'UNE BANQUE. LE CASTING ÉTAIT PARFAIT, SEPT ASSOCIÉS FORTUNÉS. MAIS LE PLAN NE S'EST PAS DÉROULÉ COMME PRÉVU.

Par Clément Fayol
Illustration Gilles Warmoes

C'est un talent d'être au bon endroit au bon moment. En un demi-siècle dans les affaires, Roger Tamraz a appris à identifier les opportunités. Le paradis fiscal adapté, pas trop en vue, pas encore trop couru, et totalement sécurisé. Il était à Beyrouth bien avant Carlos Ghosn. À Dubaï avant les influenceurs. Et en 2019, juste avant la guerre en Ukraine, c'est en Lettonie qu'il a voulu se refaire et revenir sur le devant de la scène. Le pays balte, membre de l'Union européenne, a engagé une politique de « *dérussification* » de ses activités financières après plusieurs scandales retentissants : le Libano-Américain y a vu une aubaine pour jouer un énième gros coup. Son rêve ultime, en fin de carrière : posséder sa banque. Ces dernières années, il a tenté sa chance à Malte, au Monténégro ou encore aux Comores, en vain. Le secteur bancaire en Lettonie est alors fragilisé par les tensions avec la Russie depuis l'annexion de la Crimée. Cette fois, il en est sûr, il va mettre la main sur un établissement. « *Une fois que tu possèdes une banque, c'est comme des dominos, tu peux en contrôler d'autres* », a-t-il répété en boucle à un ancien partenaire d'affaires lors de réunions de préparation du plan d'attaque.

Roger Tamraz est une légende dans le petit monde des « *intermédiaires* ». Ce sont eux qui mettent en relation les gros poissons, résolvent leurs conflits et facilitent les signatures de contrat en échange de commissions confortables, parfois aux marges de la légalité. Dans cet univers secret, les réussites s'accomplissent à coups de carnets d'adresses. Et deviennent addictives. À 83 ans, Tamraz n'a aucune envie de s'arrêter. Une vie entière dans les coulisses du pouvoir, à sillonner la planète à la recherche de belles histoires destinées à convaincre États, entreprises ou grandes institutions de débourser des milliards de dollars sur une idée. Nous l'avons rencontré en novembre 2023 dans un palace parisien. Cheveux blancs peignés en brosse et foulard de soie noué autour du cou, la silhouette fine et sobre, il porte beau. Son esprit est encore vif. C'est lui qui nous a proposé un rendez-vous. « *Je voudrais vous parler d'une affaire* », lance-t-il d'emblée. « *Un de mes amis est en conflit avec une multinationale qui lui a fait du tort, mais quand j'ai voulu discuter avec eux*

> **Sa dernière expérience officielle avec une banque s'est soldée par une affaire politico-financière. Une tache indélébile qui, plusieurs décennie plus tard, continue de rimer avec son nom.**

pour qu'ils le dédommagent, ils m'ont accusé de chantage», poursuit-il avec une pointe d'accent oriental. Quand il s'agit d'aborder la question de «*sa*» banque lettone, il fait montre d'un talent hors du commun pour éviter de répondre. «*Je ne suis pas du tout intéressé pour parler de cette histoire, la justice est impliquée et ça ne m'intéresse pas*», finit-il par évacuer malgré notre insistance. Son projet aux confins de l'Union européenne et de l'ancienne Union soviétique aurait-il dérapé?

Ceci n'est pas un havre fiscal

La Lettonie est le talon d'Achille bancaire de l'Union européenne. Le pays où les Russes les plus sulfureux peuvent acheter une banque sans avoir à justifier de l'origine des fonds. La proximité géographique et la frontière terrestre avec le grand voisin facilitent les échanges. À tel point que, quand l'État balte de moins de 2 millions d'habitants dépose en mars 2013 sa candidature à la zone euro – qu'elle intègre en janvier 2014 –, le Premier ministre de l'époque doit nier catégoriquement que cette ex-république soviétique est un havre fiscal à l'instar de Chypre, voire une plaque tournante du blanchiment d'argent. Le Fonds monétaire international (FMI) et la Commission européenne mettent toutefois en garde Riga contre les risques que présentaient les niveaux élevés de dépôts des non-résidents dans une douzaine de banques locales. Après l'annexion de la Crimée par la Russie, la situation se tend encore plus avec Bruxelles, la Banque centrale européenne (BCE) ayant les établissements locaux dans le viseur. À partir de 2017, les enquêtes se multiplient. Au moins quatre banques lettones sont concernées par des allégations de blanchiment ou de corruption. Les oligarques russes se retrouvent sous pression face aux méfiances du régulateur européen, et commencent à craindre de perdre leur machine à cash. C'est à ce moment-là que Roger Tamraz entre en scène, obnubilé par son rêve.

Il faut dire que sa dernière expérience officielle avec une banque s'est soldée par une affaire politico-financière. Une tache indélébile qui continue, plusieurs décennies plus tard, de rimer avec son nom. En 1983, le jeune Tamraz est de retour au Liban, après des études à Harvard, aux États-Unis, et un début de carrière à Wall Street. Il revient dans les bagages des consultants américains dépêchés au chevet de l'une des plus grosses banques du pays, en faillite. Rapidement, le président de l'époque, Amine Gemayel, voit en ce fougueux financier l'argentier dont il a besoin. Pendant six ans et en pleine guerre civile, Tamraz occupe cette fonction à la direction d'Intra Bank. Il reprend en main l'établissement, qu'il transforme en fonds d'investissement contrôlant plusieurs banques. À la tête d'un petit empire financier au Liban, il intègre le clan très fermé de ceux qui sont courtisés par les clans politiques ou les milices. Il s'épanouit dans ce rôle et consolide ses appuis locaux.

Mais en 1989, le scandale éclate: des millions de dollars de prêts et d'opérations suspectes lui sont reprochés. Au total, près de 200 millions de dollars ont disparu, dont une partie en France par l'entremise de la

Banque de participations et de placements. Recherché par les autorités, Tamraz est introuvable. Quand il réapparaît quelques semaines plus tard à Paris, il jure avoir été kidnappé par une milice et relâché contre une rançon de 5 millions de dollars versée par ses soins. Une version que la CIA juge «*presque certainement fausse*» dans une note de mai 1994. «*Je devais devenir président au Liban, les sondages me plaçaient en tête, mais je gênais. Alors, j'ai été mis hors circuit*», nous assure sans sourciller encore aujourd'hui l'homme aux mille vies, sans que l'on parvienne à savoir si lui-même croit vraiment en ses propres explications.

Mais il a des talents de conteur et égrène ses faits d'armes comme autant de réussites aux quatre coins du Moyen-Orient. À l'entendre, il est le cerveau d'une multitude de projets : fonds d'investissements, pipelines, terminaux méthaniers, etc. Toujours de gros magots. Sans jamais que son rôle dans ces deals puisse être établi avec certitude. En bon manœuvrier, il sait s'incruster sur les photos officielles – celles qui lui permettent de se fabriquer un CV d'influent. Et joue du trouble que ses supposées relations politiques peuvent susciter.

Il lui arrive ainsi de porter une cravate brodée «*SB*», offerte – c'est ce qu'il aime répéter – par Silvio Berlusconi. Ou de se mettre en scène, dans une autobiographie jamais publiée, comme le marionnettiste des négociations géopolitiques des pays de la région. Est-il proche de la CIA ? Joue-t-il les intermédiaires entre les États-Unis, Israël et le monde arabe ? Courtisan de riches émirs du Golfe qu'il n'oublie jamais d'encenser lorsqu'il est interrogé, Roger Tamraz s'en tient à un principe : dans les cercles d'affaires, plus les projets auxquels il annonce participer sont importants, plus sa légende de magnat de la banque et du pétrole se fortifie. Et peu importe que la plupart de ces plans ne voient finalement pas le jour. Ni que, pour ceux qui aboutissent, comme le pipeline reliant la Libye à l'Italie, sa participation reste floue. Car si on ne trouve de trace de son nom nulle part dans les documents officiels, lui continue d'en parler. Et Mouammar Kadhafi ou tout autre acteur de l'époque ne sont plus là pour le dédire.

Palaces et premières classes

La trajectoire de Tamraz n'est pas unique. Il existe quelques autres intermédiaires qui ont su durer dans le métier, mais on les compte sur les doigts d'une main. On les croise dans des palaces parisiens, en première classe des trains entre Paris et Genève ou sur les lignes aériennes ralliant Abu Dhabi. Habituellement, les périodes de faste laissent place aux traversées du désert, avant la disparition et l'oubli. Avec lui, la partie de poker semble ne jamais devoir se terminer. Tamraz bluffe et rebluffe, et parvient parfois à mêler son nom à de gros contrats. Dans les années 1970, il a bel et bien géré la First Arabian Corporation, un fonds d'investissements qui possédait de chics établissements parisiens : le Prince de

> « Je devais devenir président au Liban, les sondages me plaçaient en tête, mais je gênais. Alors, j'ai été mis hors circuit. »
>
> **ROGER TAMRAZ**
> « BANQUIER INTERNATIONAL »

Laver l'affront de ses débuts, c'est même devenu une obsession. Tamraz se voit de retour à la présidence d'un "board". En Lettonie, le jeu de dominos paraît accessible.

Galles, ainsi que Le Grand Hôtel, le Café de la Paix et le tout aussi luxueux hôtel Meurice. Dans les années 1980, grâce à ce même fonds, il a effectivement participé au lancement de Tamoil, un groupe de raffinage et de stations-service aujourd'hui propriété d'une compagnie néerlandaise. Il assure même que le nom de l'entreprise vient d'une contraction de Tamraz et d'*oil*...

En 1996, le Sénat américain enquête sur des soupçons de financements illicites de la campagne de Bill Clinton. Or, il se trouve que Roger Tamraz a versé 200 000 dollars au Parti démocrate. Il a aussi téléphoné en toute décontraction au ministère de l'Énergie du pays pour promettre d'ajouter 400 000 dollars au pot. Il demande en échange un rendez-vous avec le président américain, pour faire avancer un projet d'oléoduc entre la mer Caspienne et la Turquie. Il en sortira indemne, et auréolé d'une popularité nouvelle.

Quelques années plus tard, après avoir disparu un moment du devant de la scène, il change de créneau : désormais, il se pose en repreneur de groupes qui pèsent des milliards d'euros. Notamment de raffineries et de gazoducs, au Kazakhstan, au Turkménistan, en Iran, à Oman, aux Émirats arabes unis, et même en Suisse. En 2013, il se déclare candidat pour reprendre la raffinerie Petroplus de Petit-Couronne, en Seine-Maritime. En vain. Il parvient tout de même à faire tourner l'aventure à son avantage en conservant l'accusé de réception de la proposition de reprise signée par Pierre Moscovici, alors ministre de l'Économie en France, puis commissaire européen aux finances. Courrier que l'intermédiaire exhibe volontiers quand il se positionne pour racheter une banque sous licence européenne, prétendant avoir des appuis haut placés.

Laver l'affront de ses débuts. Avoir sa banque. Le rêve est encore tenace. Il se considère déjà comme un « *banquier international* », et surtout pas comme un entremetteur. Trop réducteur. Mais il lui faut revenir dans le secteur par la grande porte. C'est devenu une obsession. Tamraz se voit de retour à la présidence d'un *board*. En Lettonie, le jeu de dominos paraît accessible. « *De là, tu peux entrer sur le marché européen*, répète-t-il à des proches. *Et financer des projets très rentables dans les hydrocarbures, en particulier le gaz liquéfié.* » En 2017, deux banques du pays se retrouvent dans la mélasse. La première, ABLV, a été soupçonnée par Washington de blanchir des fonds, puis déclarée en faillite par la BCE. Dans la foulée, le propriétaire de la seconde, PNB Banka, a accusé le gouverneur de la banque centrale lettone de corruption. Un bourbier avec ses opportunités, comme les adore Tamraz. Il veut la PNB Banka, qu'il négocie à Paris, au Prince de Galles, à l'été 2018.

Ce jour-là, un élégant banquier britannique prend place en face de lui dans le patio. Long et mince, mèche blonde tombante, le trentenaire imberbe et maniéré dans un costume cravate impeccable vient de descendre de l'Eurostar. Les deux hommes se rencontrent pour sceller la vente. Oliver Bramwell dirige le sulfureux établissement letton qui appartient, officiellement, à un magnat russe, Grigory Guselnikov. « *Sulfureux* » parce que, avant même son litige avec le gouverneur de la banque centrale lettone, il a écopé d'une amende de 1,3 million d'euros pour violation de l'embargo sur la Corée du Nord ; « *officiellement* » parce que, derrière la proposition de vente, c'est en fait un traquenard dans lequel Roger Tamraz est en train de tomber. En embuscade, Guselnikov cherche à se délester de ses parts, qui appartiennent en réalité à Pyotr Kondrashev, un milliardaire russe en délicatesse avec le Kremlin.

« *Si vous apportez 30 millions d'euros, la banque est à vous* », dit en substance Oliver Bramwell, comme nous l'ont rapporté des témoins de la scène. Le bluffeur libanais s'engage à rassembler les fonds, sans effectuer la moindre enquête sur l'état réel de l'établissement. Et sans sortir un centime de sa poche, il réunit une équipe de prête-noms. Un ami suisse fournit des certificats d'estimation d'une villa et d'un chalet, pour 60 millions de francs suisses (53 millions d'euros de l'époque). Des hommes d'affaires apportent leurs yachts : 82,4 millions d'euros. Enfin, Tamraz fait évaluer le potentiel de production d'un champ pétrolier et gazier dans le nord de l'Irak, entre Tikrit et Kirkouk, pour lequel il a obtenu une licence d'exploitation et qu'il valorise à plus de 2 milliards de dollars (1,74 milliard d'euros en 2018). L'affaire est conclue.

Le bluffeur libanais s'engage à rassembler les fonds, sans enquêter sur l'état réel de l'établissement. Sans sortir un centime de sa poche, il réunit une équipe de prête-noms.

Une dette de 50 millions d'euros

À Riga, en juin 2019, l'homme, qui vit d'ordinaire à Paris, vient prendre possession des lieux. Après quelques poignées de main, il laisse ses collaborateurs se charger des affaires courantes de l'entreprise et va s'installer au palace Kempinski, racontent plusieurs témoins. Un communiqué enthousiaste publié sur le site de sa compagnie, annonce qu'il a « *acquis directement ou indirectement (à travers d'autres individus qui vont posséder des actions en sa faveur et vont agir de concert avec lui) cette banque lettone* ». Le communiqué le présente en « *magnat* » et « *milliardaire* ».

L'excitation est de courte de durée. Pendant que le nouveau directeur est pris en photo à l'hôtel fumant le cigare de la victoire, les employés de PNB Banka défilent à l'immense table de la salle de réunion pour rencontrer les repreneurs, à qui ils annoncent que la banque est en faillite. Les sept prête-noms paniquent. En signant les contrats d'acquisition d'actions, ils pensaient obtenir un emploi ou un poste au conseil d'administration. Finalement, ils héritent d'une dette totale de plus de 50 millions d'euros. Tamraz, l'instigateur du projet, écope d'une douzaine de millions d'euros. À Londres, un arbitrage confirme leurs créances. Les justices lettone et française sont saisies.

Au printemps 2023, les hommes de paille que Roger Tamraz avait recrutés reçoivent l'avis d'expulsion de chez eux. L'homme qui rêvait d'avoir une banque, lui, est serein. À ses partenaires inquiets, il répond par une formule qui résume sa vie d'aventures financières : « *Qu'ils viennent me chercher, je n'ai rien à mon nom.* » XXI

En 2018, dans le nord-ouest du Groenland – pays constitutif du royaume du Danemark –, Tiina Itkonen a suivi Olennguaq, alors âgé de 48 ans. Installé depuis vingt ans à Savissivik, qui compte une cinquantaine d'habitants dont une dizaine de chasseurs, il pratique encore la chasse à chiens de traîneau. Pour cette activité vieille de plusieurs siècles, il utilise un outil ancestral afin de sonder l'épaisseur de la glace.

Chasse gardée

DEPUIS 1995, LA FINLANDAISE **TIINA ITKONEN** MÈNE UN TRAVAIL DOCUMENTAIRE INÉDIT, AUPRÈS DES INUITS AU GROENLAND, DANS LA ZONE HABITÉE LA PLUS SEPTENTRIONALE DE LA PLANÈTE. LA NOUVELLE DONNE CLIMATIQUE, QUI AFFECTE FORTEMENT LEUR MOYEN DE SUBSISTANCE, LA CHASSE À CHIENS DE TRAÎNEAU, MET À L'ÉPREUVE LEUR SENS DE L'ADAPTATION.

Avec le réchauffement climatique, les zones de chasse accessibles en traîneau depuis Savissivik se réduisent d'année en année, la glace de mer étant moins solide et sa surface moins étendue. Olennguaq possède une vingtaine de chiens de traîneau (page de gauche). Chaque chasseur en a entre dix et vingt, si bien qu'à Savissivik, le nombre de canidés dépasse celui d'humains. Lors de ses sorties, il n'est pas rare qu'Olennguaq croise le père de sa femme, Qaerngaaq (ci-dessus à droite), qui, à 80 ans, chasse encore en traîneau. D'une génération à l'autre, les méthodes n'ont pas changé. Seule évolution : le téléphone satellite, utile en cas de difficulté.

La période où la banquise est praticable en traîneau est passée de dix mois dans les années 1990 à cinq mois aujourd'hui, et il arrive que l'épaisseur de celle-ci ne dépasse pas 30 cm, quand elle atteignait souvent deux mètres. En conséquence, les expéditions durent une journée ou moins, contre parfois quatre semaines auparavant. Qaaqqutsiannguaq, le fils aîné d'Olennguaq (ci-dessus à 18 ans), a néanmoins suivi la voie de son père. Caribous, bœufs musqués, phoques, morses, narvals sont les principales proies de ces professionnels. La capture des ours polaires (ci-contre) est rare, et réglementée par des quotas.

Face aux nouvelles contraintes qui pèsent sur cette activité, les villages comme Savissivik (ci-contre) se vident. Beaucoup d'habitants font le choix de partir pour la ville, Qaanaaq, 600 âmes, accessible uniquement en bateau, scooter des neiges ou avion, voire en hélicoptère en hiver. Ils s'y font embaucher dans les usines de congélation de poissons, qui se développent, et dont la production est destinée au sud du Groenland. La fonte de la banquise réduit l'habitat des ours polaires, qui sont désormais souvent visibles aux abords du village. Les habitants ne sortent d'ailleurs jamais sans une arme.

Les moyens mis en œuvre varient selon les types de proies traquées. Ainsi les narvals sont chassés à plusieurs kayaks de mer, au harpon. En hiver, les embarcations sont transportées sur les traîneaux jusqu'aux zones de chasse (ci-dessus), en été sur les bateaux à moteur. Pour la chasse aux gros animaux terrestres – au fusil –, l'habit traditionnel se compose d'un pantalon et de bottes en peau d'ours (ci-contre).

Sur les 800 personnes qui peuplent le nord-ouest du Groenland, 200 vivent dans trois villages isolés, dont Savissivik. Olennguaq habite dans une maison avec sa femme Naduk (ci-dessus) et leurs sept enfants, dont Nuka, l'avant-dernier (ci-contre, à 8 ans). Les maisons, faites de bois, sont modestes, avec souvent une seule chambre. Elles sont chauffées par des poêles à huile. Aujourd'hui, Nuka est capable de conduire seul un traîneau.

Quand Qaerngaaq, 80 ans, ne chasse pas, il s'occupe de ses différents outils. Il aiguise (ci-contre) un couteau que sa femme Therisia (ci-dessus), aujourd'hui décédée, utilisait pour travailler la peau des animaux. S'il arrive que les femmes aident les hommes à découper les carcasses, il leur revient surtout de nettoyer les peaux et de confectionner les vêtements.

CORN FLAKES
MEGA PACK
Kellogg's
CORN FLAKES
FANTA

Les animaux sont tués pour leur viande. Celle-ci constitue la base de l'alimentation traditionnelle pour les habitants et leurs chiens. Les chasseurs de Savissivik n'ont pas d'autre activité, ils en dépendent pour faire vivre leurs familles. Il leur arrive de vendre de la peau de baleine, mais c'est très rare. Ici, un phoque tout juste abattu est entreposé dans la cuisine (ci-contre) de la maison de Qaerngaaq (ci-dessus), qui habite le village, comme sa fille et son gendre, Olennguaq.

Dorénavant, les expéditions sont plus dangereuses car les zones trop fragiles pour supporter le poids d'un traîneau se multiplient. Les icebergs sont donc d'excellents alliés, offrant des points de vue pour évaluer l'étendue de la banquise aux alentours. Mais ils ont tendance également à se réduire, rendant ces observations plus compliquées. Ces dernières années, il est devenu difficile de se projeter dans les saisons : les habitants ne peuvent plus prédire quand la mer va geler ni pour combien de temps. *« En décembre 2023, les habitants attendaient encore la glace de mer, alors que la saison hivernale avait commencé. Ils me disaient qu'elle mettait énormément de temps à geler »*, rapporte la photographe.

Chercher ma place

Quand j'étais à l'école de photo au début des années 1990 à Helsinki, je suis tombée sur la légende inuite de *La Mère de l'océan,* qui raconte l'histoire de Sedna, une jeune fille maltraitée par son mari et devenue déesse grâce à l'océan. Cette légende m'a envoûtée : à partir de là, j'ai emprunté tous les livres sur le Groenland, j'ai visité deux musées consacrés à l'Arctique et j'y suis allée en 1995... Dès lors, je n'ai cessé de chercher ma place dans le Grand Nord. J'ai toujours vécu près de la nature, et celle du Groenland m'a fascinée. Lors de mes premiers voyages dans le nord-ouest, je n'y connaissais personne. Je me rendais une fois par semaine dans la boutique où il y avait le seul téléphone disponible, pour appeler ma famille. Les gens étaient surpris que je veuille rester longtemps. Mon premier séjour à Savissivik a duré un mois, je n'ai pas sorti mon appareil photo pendant une semaine. À force de passer du temps avec eux, les habitants sont devenus des amis. Ce qui a changé en trente ans, c'est la communication. Grâce aux smartphones et aux réseaux sociaux, je peux suivre leur vie au quotidien. Ces technologies rapprochent aussi les familles, souvent dispersées dans des lieux peu accessibles. Le Groenland est devenu ma seconde maison, j'y pense tous les jours et les images de ces lieux m'accompagnent.

PROPOS RECUEILLIS PAR CATHERINE DE COPPET

« L'adaptation à l'incertitude fait partie de la culture inuite »

Jeanne Gherardi est paléoclimatologue, maîtresse de conférences en sciences du climat à l'université de Versailles – Saint-Quentin. Elle coordonne depuis 2020 le projet SeMPER Arctic, qui cherche à *« analyser les sources de résilience en Arctique ».*

XXI Pour ce projet transdisciplinaire, une quinzaine de chercheurs venus de cinq pays ont recueilli des récits locaux relatifs aux évolutions, notamment liées au changement climatique. Comment avez-vous travaillé ?
Avec le doctorant Tanguy Sandré, nous nous sommes concentrés sur le village d'Ittoqqortoormiit, sur la côte est du Groenland, où nous nous sommes rendus à de nombreuses reprises pour des séjours de trois semaines minimum. Cet endroit, où les Danois ont installé une communauté en 1924, est l'un des derniers villages où la chasse de subsistance traditionnelle existe. Son emplacement, au 72e degré nord et exposé au courant marin est-groenlandais, en fait un lieu privilégié : on y trouve encore la glace de mer sur laquelle les chasseurs se déplacent. Nous avons mené plus d'une trentaine d'entretiens avec des habitants. Sur les 352 personnes qui vivent à Ittoqqortoormiit, onze sont chasseurs, dont une femme.

Quel type de témoignages avez-vous collectés ?
En tant que scientifiques, nous arrivons spontanément avec des questions relatives à la durée des périodes où la glace de mer

TIINA ITKONEN

est présente : nous avons le réflexe de faire des projections, d'organiser le réel. Or, une réponse est revenue dans les entretiens : *« On ne sait pas. »* Les Inuits sont dans l'acceptation de l'état de changement : selon la météo du jour, ils sont prêts à chasser si les conditions le permettent, ou à renoncer à une expédition. Ils vivent avec ces changements, en particulier de l'étendue et de la saisonnalité de la banquise, depuis une trentaine d'année, et la posture d'adaptation à l'incertitude en général fait partie de leur culture. Ils la revendiquent en disant : *« Nous, Groenlandais, avons toujours fait face aux aléas. »*

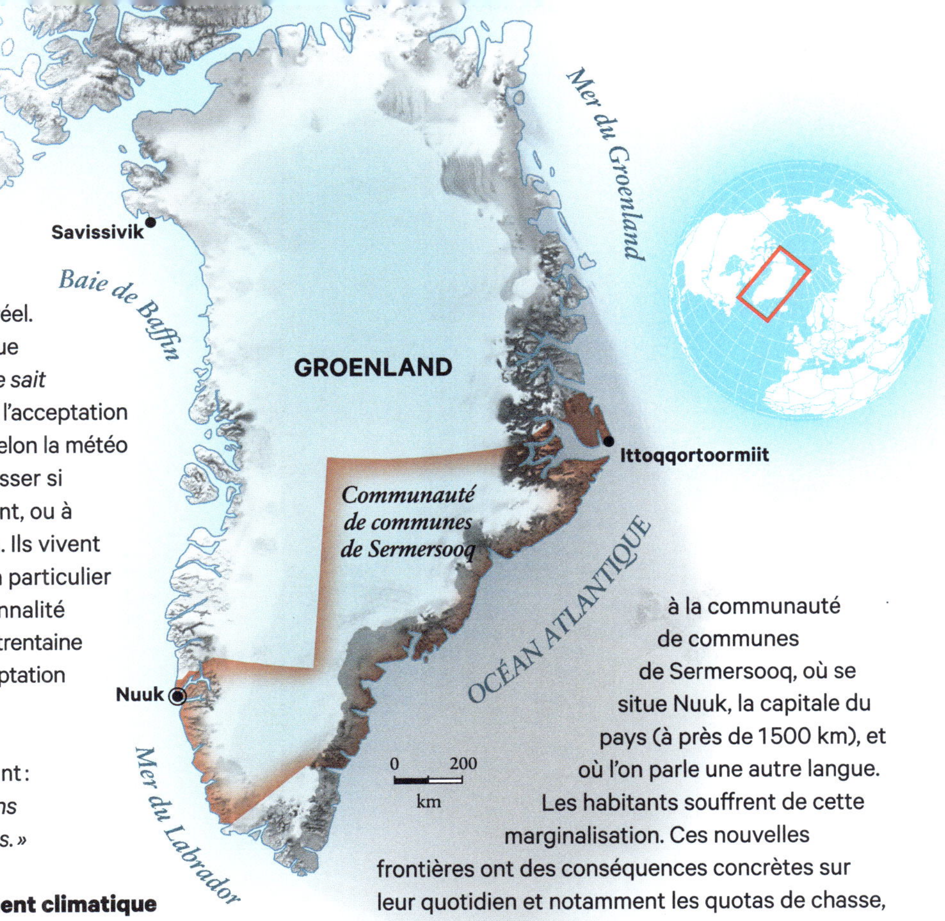

Comment le réchauffement climatique modifie-t-il leurs conditions de vie ?

Les chasseurs doivent s'équiper différemment, s'acheter des bateaux car les sorties en traîneau ne sont plus possibles sur une saison entière. Ils sont aussi obligés de réduire le nombre de chiens qu'ils possèdent, car cela devient trop coûteux de nourrir des attelages pour une période d'utilisation réduite. Le réchauffement change aussi le rapport aux ours polaires. Avec une glace de mer moins étendue, ceux-ci ont tendance à plus longer la côte, et à traverser le village. Les gens que nous avons interviewés ont intégré cette nouvelle réalité. Ils racontent : *« Avant, il fallait faire de longs trajets pour chasser l'ours, alors qu'aujourd'hui on le trouve dans les rues d'Ittoqqortoormiit. »* Enfin, le rapport aux saisons est complètement bouleversé, les intersaisons sont beaucoup plus imprévisibles. La période automnale est notamment marquée par la multiplication de tempêtes, qui sont plus intenses qu'il y a trente ans.

Y a-t-il d'autres paramètres qui poussent ces populations à changer leurs habitudes ?

Nous avons découvert par exemple que la réorganisation des communes du pays en 2009 leur complique la vie. Ittoqqortoormiit est désormais rattaché administrativement à la communauté de communes de Sermersooq, où se situe Nuuk, la capitale du pays (à près de 1500 km), et où l'on parle une autre langue. Les habitants souffrent de cette marginalisation. Ces nouvelles frontières ont des conséquences concrètes sur leur quotidien et notamment les quotas de chasse, qui s'appliquent pour une région donnée. Ainsi à Ittoqqortoormiit, ces quotas sont limités à 35 ours polaires et 40 narvals par an, et devraient être encore revus à la baisse. Si on ajoute à cela le fait que la peau d'ours ne peut être vendue en dehors du Groenland, on comprend que le métier de chasseur soit devenu plus difficile ces dernières années. Malgré tout, des jeunes décident d'embrasser cette profession. Certains ont fait ce choix tout récemment, en 2020 et 2021.

Votre projet s'inscrit dans une approche « postcoloniale ». Qu'entendez-vous par là ?

Les scientifiques du climat arrivent souvent avec leurs études, fondées sur les faits incontestables. Ce regard sur la catastrophe en cours a tendance, c'est normal, à victimiser la population. Recueillir la parole sur le terrain permet de mettre l'accent sur des enjeux qu'on ne voit pas toujours, notamment géopolitiques – comme la réorganisation territoriale – et qui sont tout aussi importants. Les habitants de ces régions se sentent peu écoutés, souvent humiliés, l'idée est d'attirer l'attention sur eux. Leur regard nous aide à nous défaire de nos idées préconçues, à accepter l'expérience locale.

PROPOS RECUEILLIS PAR C. C.

La grotte est un pilier auquel je me raccroche

JOËLLE DARRICAU VEILLE SUR UN BOUT DE PATRIMOINE DE L'HUMANITÉ : HÉRITIÈRE DE DEUX GROTTES PRÉHISTORIQUES, ELLE S'ASSURE DE TRANSMETTRE « CE QU'ELLES NOUS DISENT ».

Propos recueillis par Elsa Fayner
Illustrations Marie Nortier

Quand nous étions enfants, nous allions nous y perdre avec mon frère. On se laissait enfermer dans le noir en attendant la visite suivante. Il y avait une atmosphère particulière à l'intérieur. Aujourd'hui encore, je ne m'y sens pas seule. Cette grotte, j'en ai hérité il y a quarante ans. C'est une lourde responsabilité.

Je viens d'une famille de propriétaires terriens. Mon arrière-grand-père paternel était médecin de campagne. Il se déplaçait à cheval et il vivait ici, dans cette grande maison au pied de la colline de Gaztelu, dans le Pays Basque intérieur. Les habitants du coin connaissaient la grotte d'Isturitz

– c'est le nom du village – mais, pour eux comme pour mes aïeux, c'était un trou à chauves-souris, rien de plus. Jusqu'à ce qu'en 1863, le Chili arrête d'exporter le guano en Europe. Le guano est composé d'excréments de chauves-souris – ou de mouettes –, c'était un engrais naturel de première qualité à l'époque. Des sociétés savantes sont donc venues voir. Elles ont découvert des réserves. Et le guano a été exploité pendant quelques années, partant par wagonnettes entières.

Un jour, en 1911, un des ouvriers est venu trouver mon grand-père, qui avait pris la suite de mon arrière-grand-père, pour l'informer qu'ils avaient trouvé dans le guano des ossements d'une faune qu'ils ne connaissaient pas. Commençait à poindre à cette époque un intérêt certain pour l'étude de la préhistoire. Mon grand-père a fait venir un préhistorien connu qui a attesté qu'il s'agissait de restes d'une faune ancienne. Des loups, des hyènes, des mammouths. Il a fallu arrêter l'exploitation de guano, ce qui n'a pas été chose facile. Et, en 1913, la grande saga des recherches à Isturitz a commencé. D'éminents préhistoriens se sont succédé. Le couple des Saint-Périer, Georges Laplace, l'abbé Glory. Jusqu'au classement de la grotte aux monuments historiques en 1953, et l'ouverture du site à la visite la même année.

Mon grand-père était architecte à Bayonne, maire du village de Saint-Martin-d'Arberoue, et visionnaire. C'est lui qui a décidé d'ouvrir le site au public et mis en valeur ce patrimoine. Au début, il assurait lui-même les visites. Ma grand-mère confectionnait des biscuits à la crème de lait pour le salon de thé, aujourd'hui devenu une cafétéria. Ils ont quitté leur belle propriété du village pour s'installer sur place, dans cette maison, où l'arrière-grand-père avait exercé. À l'occasion, ils recevaient les chercheurs, les logeaient, partageaient les repas avec eux. Puis mon père, tout en étant chirurgien, a pris le relais, aidé par sa secrétaire et deux fidèles employés. Il a entrepris des travaux pour construire les bâtiments extérieurs d'accueil du public. Dès lors, tous les jeunes du village ont été, à un moment ou un autre, guides aux grottes.

En 1913, la grande saga des recherches à Isturitz a commencé. Jusqu'à son classement aux monuments historiques en 1953.

À la mort de mon père, en 1982, j'étais fille unique malheureusement. « *Malheureusement* » parce que j'ai perdu mon frère quand il avait 14 ans. C'était avec lui que je jouais dans les grottes quand nous étions enfants. À la même époque, en dix ans, j'ai perdu mes parents et mes grands-parents. Ça a été une période très noire, mais ponctuée de quelques joies aussi ! C'était le début des années 1970, l'époque *peace & love*. Je me suis mariée, j'ai eu trois enfants. De tendance artiste, je me suis occupée de la MJC de Saint-Jean-de-Luz avec un groupe de soixante-huitards dont je faisais partie. Après la peinture, j'ai pratiqué la photographie et travaillé dans un laboratoire de développement rapide. Jusqu'à devenir à mon tour, en 1983, responsable de la grotte. Ou plutôt des grottes.

> Le meunier du bas de la colline avait égaré son chien, tombé dans un trou. C'est comme ça que la deuxième grotte a été découverte.

Parce qu'il n'y en avait pas une, mais deux ! En 1929, le meunier du bas de la colline avait égaré son chien, qui était tombé dans un trou. C'est comme ça qu'Oxocelhaya a été découverte. Si vous prenez une coupe de la colline calcaire de Gaztelu, vous pouvez voir que la rivière l'a creusée à plusieurs reprises dans le temps, la traversant de part en part sur plusieurs niveaux. Il existe même une troisième grotte, Erberua, découverte en 1973, sous les deux précédentes et sur les terres de plusieurs propriétaires. Au niveau de la rivière, qui y coule encore. Elle est donc difficile et dangereuse d'accès.

Quand j'ai repris Isturitz et Oxocelhaya, j'ai ressenti comme une évidence. J'étais seule, mais je ne me suis pas posé de questions. J'ai pris le relais. Certains pensaient que je ne serais pas capable de m'en occuper. Des relations de mes parents sont venues me voir, me proposant leurs services. J'ai beaucoup observé, écouté, me forgeant mon intime conviction sur chacun. J'ai mis dix ans à comprendre à qui je pouvais faire confiance, et de qui je devais me méfier. À me rendre compte aussi à quel point le monde de la préhistoire est un monde complexe.

Dans les années 1980, quelques chercheurs réputés ont essayé, sans autorisation, d'entrer dans les grottes. Un bonnet trouvé dans une galerie nous a donné l'alerte. Il n'appartenait à personne de l'équipe ! Des zones nouvellement explorées, avec de l'art rupestre et en cours d'étude, ont été endommagées. Nous étions sur nos gardes. J'ai rejoint d'autres gestionnaires de grottes, regroupés en association, l'Anecat, qui est devenue la Fédération française du tourisme et patrimoine souterrain, la FFTS. Il y a une grande solidarité entre responsables. Ça m'a permis d'échanger sur des constats communs et aidée à y voir plus clair dans un domaine en constante évolution. À prendre aussi des décisions qui n'étaient pas toujours faciles.

Georges Laplace, du CNRS, avait été du temps de mon grand-père et de mon père, responsable scientifique à Isturitz et Oxocelhaya. Je l'avais toujours connu là, il était pour moi comme un membre de la famille. Mais, en succédant à mon père, j'ai constaté qu'il me manquait des rapports de sa part sur ses travaux… Je ne savais pas quoi faire. Alors j'ai préféré confier la responsabilité

scientifique du site au service régional d'archéologie d'Aquitaine (SRA), en la personne de Dany Barraud. Ça a été un moment douloureux, mais c'était absolument nécessaire. Ça a donné un nouvel essor aux fouilles : en 1995, elles ont repris pour aboutir à un livre blanc. Le patrimoine du site y est recensé par des équipes compétentes, pluridisciplinaires et internationales – des équipes encore fidèles au site aujourd'hui. On peut dire que j'ai beaucoup de chance.

> **Jean Clottes, le préhistorien, parle de Gaztelu comme de l'une des « collines sacrées de la planète ».**

Sur la base de ce livre blanc, les chercheurs doivent toujours faire une demande pour entamer des recherches. On ne fouille que pour répondre à des questions scientifiques. Sinon, on ne touche pas au gisement. Pour qu'ils aient le feu vert, le SRA doit rendre son évaluation, et je dois apposer ma signature. Nous n'avons jamais rien refusé jusqu'à présent. Ce qui donne lieu à des travaux aussi bien en archéologie qu'en paléontologie, en géologie ou en climatologie. Même des généticiens s'intéressent aux grottes ! Des gènes que nos cousins néandertaliens nous ont transmis au cours des 100 000 dernières années pourraient contribuer au risque de développement de certaines maladies... Plus on en sait, plus on se rend compte que c'est une histoire sans fin : les nouvelles techniques et technologies permettent de nouvelles découvertes. C'est vertigineux. Et fascinant. Dire qu'il y a vingt-cinq ans, le monde souterrain avait tendance à être considéré comme *has been* !

On sait aujourd'hui que la colline de Gaztelu présente l'intérêt, rare, d'avoir été occupée, depuis l'époque des hommes de Neandertal jusqu'aux *Homo sapiens* du Paléolithique supérieur. De 80 000 ans à 10 000 ans avant notre ère. À tel point que Jean Clottes, le préhistorien, en parle comme de l'une des « *collines sacrées de la planète* ». Elle a plusieurs particularités d'ailleurs. D'abord, les hommes préhistoriques d'Isturitz avaient le goût pour les constructions d'objets en séries ! On a retrouvé de nombreuses flûtes de différentes époques – la plus ancienne datant de 32 000 ans –, des plaquettes et galets gravés, des contours découpés, des baguettes d'ivoire spiralées, des parures et bien d'autres artefacts. Plus de 45 000 pièces au total, dont 3 000 objets entreposés au musée d'Archéologie nationale de Saint-Germain-en-Laye, qui permettent de dire que c'était certainement un lieu de regroupement. Des tribus s'y réunissaient pour échanger des matières premières et des savoir-faire. Il y a une salle immense à Isturitz – de 1 500 m², et quinze mètres de haut –, dans laquelle on les imagine bien commercer, jouer de la musique, échanger. Des femmes passaient sans doute d'une tribu à une autre durant ces périodes de cohabitation.

Les préhistoriens ont découvert également des coquillages venant du delta de l'Èbre ou des Cantabres, en Espagne du Nord. On avait affaire à des chasseurs-cueilleurs, des nomades, qui faisaient halte ici avant de poursuivre leur périple. La grotte d'Oxocelhaya, quant à elle, était un sanctuaire, tapissée de dessins et gravures, représentant majoritairement des chevaux.

Jusqu'en 2001, faute de droit dédié, les sites archéologiques appartenaient au propriétaire des lieux. Le cadastre de la surface s'appliquait au sous-sol. Cela signifiait que, si l'État voulait en faire l'acquisition et que le propriétaire ne souhaitait pas vendre, il devait recourir à une expropriation. C'est ce qu'il s'est passé lorsque la deuxième grotte a été découverte. Il y a eu un procès, que mon grand-père a gagné en appel. Il a réussi à montrer que, puisqu'il y avait une «*sortie naturelle à flanc de coteau*», la grotte n'était pas un souterrain. Cette décision a fait jurisprudence. Aujourd'hui, 70% du patrimoine souterrain est privé. C'est une spécificité française.

Personnellement, je me sens plus responsable que propriétaire. J'évite d'employer ce terme, d'ailleurs. Mes ancêtres ont toujours vécu les grottes dans une philosophie du partage et je me suis inscrite dans leur continuité. Au Pays Basque, c'est l'aîné qui hérite de la maison, mais celle-ci reste la maison familiale, dans laquelle les frères et les sœurs sont toujours les bienvenus. Je considère la grotte de la même manière. Elle nous relie à notre histoire de famille, celle de l'humanité, qui est loin d'être terminée.

J'estime que mon rôle est de ne pas me laisser tenter par la facilité, de la préserver et de la conserver dans sa beauté initiale. De transmettre ce qu'elle nous dit. Parce qu'elle nous parle. Des *Sapiens,* d'abord. Ça fait quarante ans que je vis avec Eux – avec un grand E – et je ne m'en lasse pas. Je n'entre jamais dans la même disposition dans les galeries et je ressens toujours un émerveillement différent. C'est à la fois intuitif et intellectuel. Plus j'en apprends sur Eux, plus je me sens proche d'Eux. Ils avaient tout compris! Ils vivaient en osmose avec la nature, ils donnaient du sens à ce qu'ils faisaient. Ils tissaient des relations sociales sans lesquelles ils ne pouvaient survivre. Et puis, ils ne pouvaient pas se permettre le superflu: ils développaient toutes leurs capacités physiques et sensorielles. Nous ne serions plus capables, avec leurs outils, de fabriquer leurs œuvres d'art! Je ne dis pas que c'était mieux avant, mais nos modes de vie font que nous n'utilisons plus toutes nos capacités pleinement.

Mes ancêtres ont toujours vécu les grottes dans une philosophie du partage et je me suis inscrite dans leur continuité.

Nous surveillons de plus en plus la température, le degré d'humidité. Nous vérifions que l'eau coule, sinon c'est inquiétant.

Et puis, la grotte, c'est quelque chose de solide, de fixe, de rassurant. Un pilier auquel, personnellement, je me raccroche quand tout va mal. C'est là, ça vient de loin et c'est présent pour toujours. Je pense que ces lieux peuvent donner une certaine sérénité à quelqu'un qui est perdu. La grotte ressource. Elle est porteuse de réponses à nos questions si nous nous donnons la peine de l'écouter et de l'interroger. Elle est secrète, mais généreuse. Elle est discrète, mais elle a traversé tous les âges.

Elle subit comme nous les influences des dérèglements climatiques, et nous invite à perpétuellement nous adapter. Aujourd'hui, je prends des décisions que je n'aurais jamais imaginé devoir prendre. Ainsi, dans les galeries, nous surveillons de plus en plus la température, le degré d'humidité. Nous vérifions que nous entendons bien l'eau couler, sinon c'est inquiétant. Or, depuis quelques années, la grotte a tendance à s'assécher. Une grotte est vivante, elle ruisselle, des concrétions continuent de s'y former. Nous devons rester vigilants. Nous avons ainsi réduit le nombre de visiteurs de 80000 à 40000 par an, pour une gestion raisonnée et plus durable, dans le respect des lieux.

C'est une responsabilité, mais je ne m'en sens pas prisonnière, au contraire. Je me déplace, je rencontre d'autres responsables de sites, les grottes m'ouvrent à des réseaux précieux. Je suis membre de l'ISCA, l'International Show Caves Association, qui veille au niveau international à la préservation des grottes ouvertes au public et à leur valorisation touristique. Je fais partie du comité des routes culturelles européennes de l'art rupestre, de la FFTS et de réseaux locaux. Ce sont des soutiens importants : nous nous retrouvons tous à devoir agir en ménageant des intérêts qui ne convergent pas forcément : le système administratif, quelquefois, ne correspond pas à la demande scientifique.

Et puis je perpétue la tradition de maison ouverte, en hébergeant à l'occasion les chercheurs, en organisant des repas avec d'autres passionnés : des artistes, des voisins, des personnes que j'ai rencontrées. Mes enfants et petits-enfants sont conscients de ce que représentent ces lieux. Ils y ont tous travaillé et travaillent encore à un moment ou à un autre, à différents postes du site – accueil, phoning, boutique, cafétéria –, ce qui leur permet d'être totalement informés de ce qui s'y passe. Les grottes et leur avenir nourrissent nos conversations quand nous nous réunissons. C'est un patrimoine familial et, en famille, nous prenons les décisions importantes. Je suis intimement persuadée qu'ils sauront faire les bons choix quand le moment sera venu. XXI

Les sous-traitants de la gachette

NE LES APPELEZ PAS DES MERCENAIRES, CE SONT DES « INSTRUCTEURS », VENUS DE FRANCE ET DE ROUMANIE, OFFICIELLEMENT POUR FORMER UNE ARMÉE CONGOLAISE EN DÉBANDADE. ILS LOGENT DANS DES PALACES, CONSEILLENT LES MINISTRES, ASSURENT LA MAINTENANCE DU MATÉRIEL. NOS JOURNALISTES ONT EU ACCÈS À CES ANCIENS SOLDATS D'ÉLITE FORT BIEN PAYÉS ET SANS AUCUNE ALLÉGEANCE.

Par Olivier Liffran et Joan Tilouine
Illustrations Benjamin Van Blancke

Les gens de Sake le savent mieux que personne, la venue des chefs de guerre en ville n'augure rien de bon. Cette cité lovée entre le lac Kivu et les collines verdoyantes du Masisi, dans l'extrême est de la République démocratique du Congo (RDC), n'en peut plus des souffrances engendrées par un conflit vieux de trente ans. Comme dans une tragédie qui se rejoue sans fin, Sake doit à nouveau composer avec les combats et les massacres de civils perpétrés par les militaires, les groupes armés, dont le M23 qui l'a brièvement occupée il y a une dizaine d'années.

Désormais, ce mouvement rebelle fort de près de 2000 combattants approche dangereusement. Il a été reconstitué avec le soutien du Rwanda voisin pour déstabiliser le pouvoir congolais de Félix Tshisekedi. Profitant de l'incurie de leur adversaire, ils ont poussé leur avantage sur le terrain jusqu'à créer un proto-État de villages miséreux qu'ils contrôlent et tentent d'administrer depuis près de deux ans. Pour eux, Sake est un verrou stratégique, la dernière étape avant Goma, la capitale provinciale du Nord-Kivu située à 20 km de là, peuplée de 3 millions d'habitants. Au gré de leur avancée, de nouveaux flots de déplacés en loques se déversent sur les routes vicinales, avec pour seuls biens quelques ballots d'affaires et un matelas ceinturé à la tête. Hagards, épuisés et faméliques, ils marchent des jours voire des semaines sous la pluie pour sortir des campagnes ensanglantées de cette région où errent près de 7 millions de déplacés internes, un sinistre record mondial. Ces survivants s'entassent aux abords de Sake, bordée de kilomètres de tentes blanches, où le choléra et la rougeole fauchent des vies. À deux reprises, des roquettes sont tombées sur leur camp de fortune coupé par une route qui ondoie dans la vallée. Dans les ruelles boueuses et cabossées de la ville déambulent aussi des grappes de types patibulaires en bottes en caoutchouc et uniformes militaires dépareillés, fusils automatiques en bandoulière et yeux vitreux. Ce sont les combattants des groupes armés locaux, les « Maï-Maï », issus du terroir qu'ils prétendent défendre, quitte à persécuter les civils et piller les villages.

Ils ne sont pas seuls à prendre part à cette guerre, la deuxième contre le M23 après celle du début des années 2010. De nouveaux venus intriguent les habitants et suscitent encore plus de perplexité. Ils sont blancs, parlent roumain ou français, les visages souvent cagoulés. Leurs kalachnikovs à eux sont agrémentées d'accessoires onéreux, comme des lunettes de visée à quelques milliers de dollars pièce. C'est le gouvernement congolais qui les a recrutés après avoir tardé à prendre la mesure de la montée en puissance des rebelles. Lui qui a fini par s'y résoudre, après les défaites infligées à son armée, quand la perspective fin 2022 d'une chute de Goma est devenue un scénario de plus en plus plausible.

Il a fallu réagir vite. Trouver dare-dare des hommes prêts à défendre la ville et à former en toute urgence l'armée congolaise constituée en partie d'anciens rebelles et de soldats n'ayant jamais réellement combattu. Une armée en lambeaux, héritée de décennies de guerres et de mauvaise gouvernance, l'une des moins redoutées de la région des Grands Lacs. L'externalisation s'est peu à peu imposée, par choix et désespoir. Une première dans ces confins de l'Est où opèrent plus d'une centaine de groupes armés locaux, mais aussi rwandais, ougandais, burundais. Le pouvoir congolais a pris le risque de déléguer à des Blancs certains de ses attributs régaliens. À la tête de ces sous-traitants, un certain Horatiu Potra, franco-roumain, ancien de la Légion étrangère, capable de mobiliser en quelques jours plusieurs centaines d'hommes. Quel est son rôle exactement? Jusqu'où s'étend le pouvoir de ces prestataires? Pris à tort pour un mercenaire russe, Potra est réputé méfiant et peu loquace.

« On a improvisé »

Avant sa bande et lui, une autre troupe bien plus réduite d'anciens militaires français a débarqué dans la province du Nord-Kivu. L'un de leurs chefs, Romuald Létondot est arrivé en «*éclaireur*», comme il dit. Pionnier, il posa ses valises à Goma fin 2022. Sa première aventure dans le milieu de la sécurité privée. Il s'est débrouillé pour trouver des véhicules, gagner la confiance des généraux congolais, mettre en place la logistique. «*On est partis de rien, sans connaître la RDC. On a improvisé!*», s'amuse-t-il, attablé au restaurant de l'hôtel Lac Kivu Lodge, son fief cosy dont il a fait le quartier général des anciens de l'armée française. Létondot, c'est le bon vivant au contact d'apparence facile, le colonel trapu et rieur des commandos parachutistes de Bayonne, qui a mené l'essentiel de sa carrière en Afrique de l'Ouest avant de terminer au Centre de planification et de conduite des opérations (CPCO) – lequel fait le lien entre l'état-major et les forces françaises déployées à l'étranger ou sur le territoire national. Il était aux premières loges lors du déclenchement de la guerre lancée par la France au Sahel en 2012. C'est à Goma qu'il coule donc sa retraite, à orchestrer un dispositif militaire privé, centré sur les forces aériennes.

Conscient des limites de son infanterie, l'exécutif congolais a misé très tôt sur des vieux avions de fabrication soviétique, les Sukhoï Su-25, ainsi que sur des hélicoptères d'attaque, pour freiner l'avancée des rebelles. Et pour assurer leur maintenance, il a fait appel à la filiale congolaise d'une société de droit bulgare, Agemira RDC. À sa tête, Olivier Bazin, un homme d'affaires coutumier des opérations politiques ou sécuritaires discrètes en Afrique francophone, notamment au Congo-Brazzaville, au Tchad et en Côte d'Ivoire. C'est d'ailleurs lors d'une soirée à Abidjan qu'il a été approché par un émissaire du pouvoir congolais, désireux de solliciter ses services dans la guerre contre le M23. L'intermédiaire dans le deal est un pasteur évangéliste très proche du président Tshisekedi. L'homme de Dieu et d'affaires l'a introduit au sommet de l'État, facilitant son implantation dans le pays. Bazin a négocié et convaincu la présidence de sa capacité à soutenir l'armée en difficulté.

L'externalisation de la guerre s'est peu à peu imposée. Le pouvoir congolais a pris le risque de déléguer certains de ses attributs régaliens.

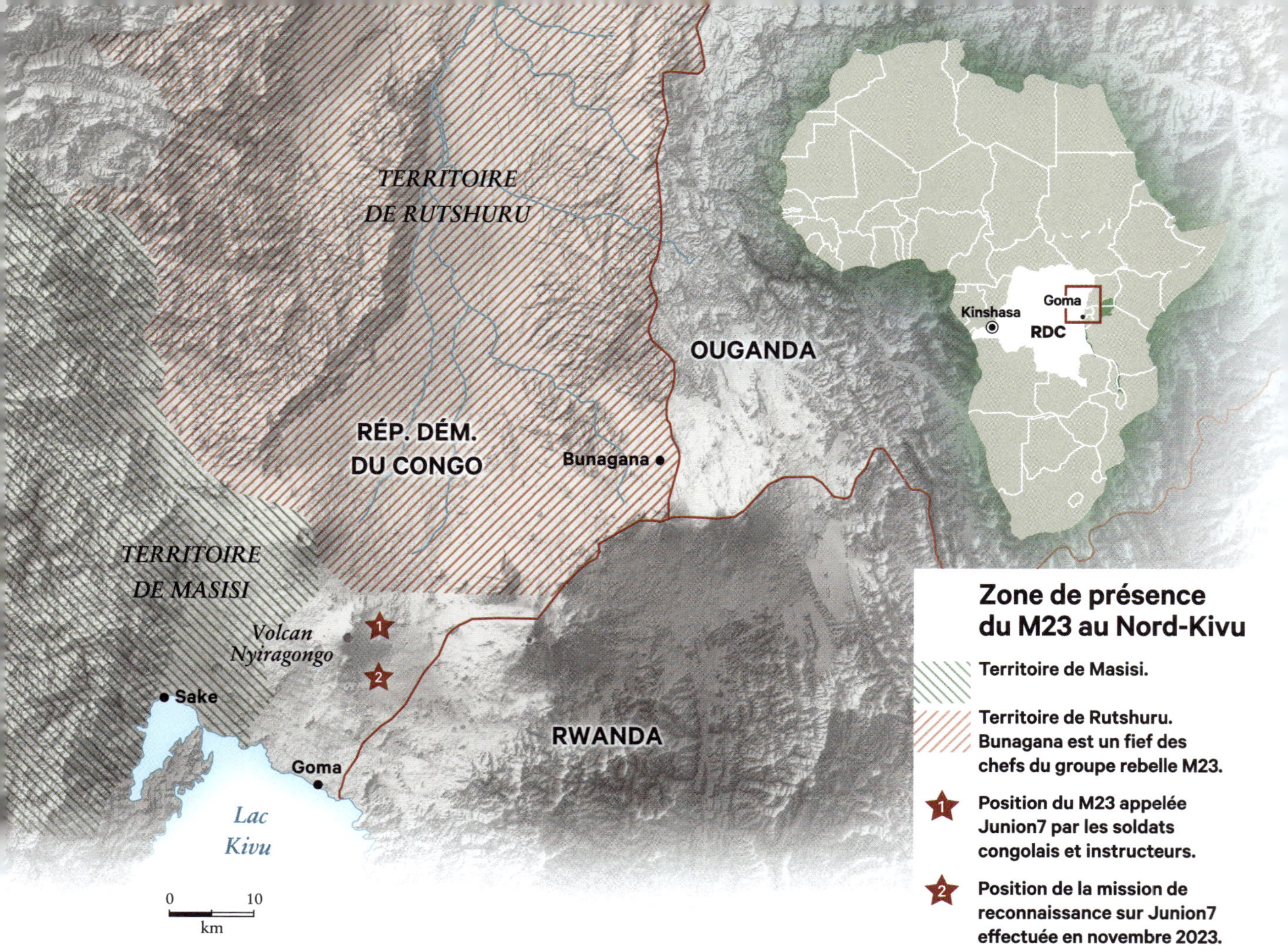

Charge à lui ensuite de faire venir des hommes de confiance capables du jour au lendemain de sauter dans un avion et de débarquer dans une région tourmentée dont ils ne connaissent pas grand-chose et où ils n'ont jamais mis les pieds. Une trentaine d'anciens soldats d'élite français, tous originaires du Sud-Ouest de la France, ont ainsi quitté à partir de fin 2022 leurs vies paisibles pour des salaires confortables en zone de guerre. Les agapes arrosées entre amis, les joies et tracas de la famille, l'ennui qui pointait pour certains, tout a volé en éclat sur un coup de fil impromptu. «*J'aidais un copain à faire les vendanges quand Létondot m'a proposé ce travail,* dit l'un d'entre eux, quinquagénaire retraité de l'armée française, en s'amusant encore de la scène. *J'ai pas hésité, malgré la qualité du vin qu'on produisait!*»

Au fil des soubresauts de la guerre contre le M23, Agemira a étendu sa gamme de services au-delà de la maintenance des avions de l'armée congolaise, du courtage d'aéronefs d'attaque à la formation de l'armée. La structure a évolué pour se muer en un embryon d'armée privée avec ses soldats d'élite, logisticiens, experts en renseignement et dronistes capables de scruter les positions et mouvements du M23. Certains se font discrets et évoluent en civil. D'autres, les instructeurs, vêtus de treillis impeccables surmontés de gilets pare-balles, Glock à la ceinture, sillonnent la ville au volant de leurs 4x4 Toyota flambant neufs.

En compagnie des Roméo

Leur présence dans l'est congolais est vite remontée jusqu'aux oreilles de l'Élysée, un temps préoccupé de voir d'anciens fonctionnaires français prendre part à une mission aussi sensible. D'autant que la France d'Emmanuel Macron, qui s'est considérablement rapproché du Rwanda, s'est montrée louvoyante pour condamner le soutien en hommes et en armes du régime de Paul Kagame aux rebelles du M23. Le président français a abordé le dossier Agemira l'an dernier avec son homologue congolais Félix Tshisekedi. Ce dernier lui a expliqué que, pour la première fois dans l'histoire récente du pays, il avait estimé nécessaire de recourir aux prestations de militaires privés européens et qu'il ne le regrettait pas.

«*Nous sommes des patriotes*, souligne Romuald Létondot, soudain sérieux, bière locale à la main sur son haut tabouret en bois. *On a œuvré sous le drapeau, ce n'est pas pour le trahir ensuite dans le privé. Mais force est de reconnaître que les dirigeants français ne comprennent pas ce pays ni pourquoi les Congolais se battent.*» Scrutée par les experts des Nations unies chargés de surveiller les acteurs armés dans la zone, les diplomates occidentaux et les services de renseignement, la petite troupe prend soin d'éviter tout faux pas, qui pourrait être exploité par ses adversaires, notamment rwandais, pour les décrédibiliser. Cette prudence les a incités à se restructurer en fin d'année dernière en deux entités: l'une dédiée au conseil militaire sous la direction de Létondot, l'autre à la maintenance d'aéronefs de guerre.

Depuis son arrivée, Agemira RDC a aussi construit une nouvelle enceinte militaire à l'entrée de Sake. Sur un terrain vague de terre pierreuse sont apparus des dizaines de baraquements aux tôles ondulées où logent des centaines de soldats congolais. Face à une base de casques bleus indiens, qui semblent tuer l'ennui en attendant le retrait de la mission onusienne prévue cette année, ils affinent leurs techniques de tirs. Fusils d'assaut, snipers, mortiers… Tout y passe. Sous les regards éberlués d'enfants des rues, les Français dispensent leurs ordres haut et fort. En compagnie des «Roméo».

C'est le surnom donné à ces autres Blancs toujours sur le qui-vive qui montent la garde sur la langue d'asphalte reliant Sake à Goma, une vingtaine de kilomètres bordés des eaux hypnotiques du lac Kivu et d'une portion du parc national des Virunga où la forêt a été décimée par les trafiquants de charbon. Pour beaucoup de Congolais, ces hommes cagoulés qui parlent roumain constituent une énigme de plus dans ce conflit. Leur arrivée sur le théâtre des opérations fin 2022 fut discrète. Au début, des services de renseignement de la région ont même pensé, ou voulu faire croire, que la nébuleuse paramilitaire russe de Wagner s'implantait dans la zone. Sur place, des diplomates, cadres d'ONG ou des Nations unies vitupèrent en privé contre ceux qu'ils appellent des «*mercenaires*». Ils ont interdiction de parler à ces hommes dont les chefs fréquentent, comme eux, les quelques hôtels les plus chers de Goma.

Ni alcool, ni sorties

Le quartier général des Roméo se situe à l'hôtel Mbiza. Ce modeste établissement privatisé a désormais des airs de zone militaire étrangère en plein centre-ville de Goma, avec son parking débordant de pick-ups montés de mitrailleuses lourdes. Au premier étage, une salle ultrasécurisée aux murs recouverts d'écrans retransmet les captations de caméras de vidéosurveillance réparties sur plusieurs points sensibles de la région. Une pièce

« Force est de reconnaître que les dirigeants français ne comprennent pas ce pays ni pourquoi les Congolais se battent. »

Romuald Létondot chef de la branche conseil militaire du groupe Agemira RDC voisine fait office de « *war room* » avec une table en longueur et des sièges en cuir où prennent place des généraux congolais de l'armée régulière pour des discussions stratégiques avec ces instructeurs venus d'ailleurs. Le site est devenu une cible privilégiée pour le M23 et ses agents prétendument infiltrés. Nuit et jour, des soldats congolais et roumains montent la garde dans la ruelle boueuse qui mène à l'entrée hérissée de caméras.

Leur chef, Horatiu Potra, impose une discipline de fer à ses troupes, sans alcool ni sorties le soir en ville. Un Roméo qui s'est échappé une nuit pour retrouver une Congolaise dont il s'était amouraché, en a fait les frais. Il a été renvoyé en Roumanie, avec son visa barré au feutre et l'interdiction de revenir. « *La moindre faille et des gars peuvent entrer pour nous flinguer* », met en garde le redouté responsable de ces troupes.

Horatiu Potra ne se laisse aisément approcher, même à Goma, où il est pourtant courant de croiser les puissants dans les quelques lieux huppés. Avec lui, il faut savoir patienter, être introduit par des contacts qui le rassurent. Une fois le rendez-vous décroché, l'homme se révèle étonnamment volubile, presque soulagé d'avoir l'occasion de s'exprimer. La cinquantaine, crâne glabre, visage fermé, plutôt petit et une musculature

En février 2023, lors d'affrontements qui ont duré du petit matin jusqu'à l'après-midi, Potra est monté en première ligne pour « tuer pas mal de M23 et de Rwandais ».

savamment entretenue, Potra en impose et le sait, jouant volontiers de sa réputation. Il se murmure que sa chambre d'hôtel ressemble à une armurerie dont le personnel s'interdit de s'approcher sans prévenir. L'intéressé ne prend pas la peine de démentir. S'il tient à éviter l'étiquette de « *mercenaire* », préférant le terme plus convenable d'« *instructeur* », il admet volontiers faire le coup de feu lorsque la situation s'envenime. Comme en février 2023 quand certains de ses hommes se sont retrouvés nuitamment pris au piège, encerclés par ceux de l'armée rwandaise et du M23, sur les collines au nord de Sake. Lors d'affrontements qui ont duré du petit matin jusqu'à l'après-midi, il est monté en première ligne pour « *tuer pas mal de M23 et de Rwandais* ». L'ancien légionnaire laisse transparaître une pointe d'orgueil au moment de montrer, vidéos à l'appui, qu'il n'a rien perdu de sa maîtrise des armes.

Potra vivait retiré dans sa maison en Transylvanie quand la présidence congolaise l'a contacté fin 2022. « *Vous pouvez faire venir 300 gars ?* lui a demandé son interlocuteur.
— *Oui, pas de problème. Pas d'un seul coup, mais cinquante par semaine.* » Pour mobiliser dans des délais courts son contingent, Horatiu Potra a utilisé le réseau de son association des Roumains de la Légion étrangère, la RALF, en quelque sorte sa société militaire privée. « *Au moment où ils nous ont demandé nos services, le M23 s'apprêtait à entrer dans Goma, et j'ai dû agir très vite* », raconte-t-il de sa voix nasillarde à la terrasse du Serena Hotel, l'unique établissement cinq étoiles de la ville, où il réside à l'année.

Du jour au lendemain, il s'est retrouvé à Kinshasa, où il a signé immédiatement – il en est encore tout étonné – un contrat avec la présidence, par le biais d'une obscure entreprise congolaise de sécurité. Un an plus tard, ils sont presque mille Roumains répartis dans trois hôtels de Goma, au contact d'un pays dont ils ignorent tout, d'une armée qu'ils doivent former, et d'une ville qu'ils sont censés protéger au péril de leur vie.

« On rêvait du gros caillou »

La vie d'Horatiu Potra se confond avec la litanie des conflits de ces dernières décennies en Afrique. Il a d'abord œuvré en tant que légionnaire durant cinq ans au début des années 1990. Puis, la nationalité française en poche – obtenue en 1995 –, il s'est mis au service du sulfureux capitaine de gendarmerie Paul Barril reconverti dans la vente présumée d'armement et le conseil à des clients peu fréquentables – parmi lesquels le régime rwandais de Juvénal

Habyarimana qui a pensé et orchestré le génocide des Tutsis en 1994, intervenu après son assassinat le 6 avril. Horatiu Potra, qui se fait aussi appeler Lieutenant Henry, officie ensuite pour assurer la sécurité de l'émir du Qatar, avant de louer ses services à des présidents d'Afrique centrale ou encore un homme d'affaires roumain désormais suspecté de corruption et en cure de désintoxication. Il s'est aussi essayé sans succès à l'extraction de diamants dans une Sierra Leone dévastée par la guerre. « *Avec un associé, on rêvait du gros caillou !* glisse-t-il entre deux gorgées de soda. *On a dépensé près de 600 000 dollars, pour récupérer des diamants qui en valaient 3 000 au maximum.* » L'anecdote le fait sourire, comme si l'argent perdu était finalement peu de chose au regard d'une aventure.

C'est en Centrafrique, au début des années 2000, que Potra rencontre brièvement le chef du MLC – groupe armé congolais –, Jean-Pierre Bemba, passé ensuite par les geôles de la Cour pénale internationale pour crimes de guerre et crimes contre l'humanité avant d'être acquitté. Ministre de la Défense de la RDC en 2023, Bemba a retrouvé à Goma Horatiu Potra, devenu l'une des pièces maîtresses de son dispositif pour contrer les rebelles. Cette guerre qui se joue dans les collines, le Franco-Roumain la décrypte à sa manière : « *Si un mec rentre chez toi et menace ta famille, tu fais quoi ? Bah, tu lui pètes la gueule.* » Avant d'ajouter, conscient des limites de l'exercice guerrier : « *La paix durable, c'est du ressort des politiques.* »

« Si un mec rentre chez toi et menace ta famille, tu fais quoi ? Tu lui pètes la gueule. La paix durable, c'est le rôle des politiques. »

Horatiu Potra chef du groupe d'instructeurs Roméo

Drones et caméras thermiques

La guerre représente avant tout une formidable affaire pour ces entrepreneurs d'un genre particulier. D'ordinaire mauvais payeur, le Trésor public congolais règle aujourd'hui rubis sur ongle la note de Potra et ses hommes, à coup de dizaines de millions de dollars. Le salaire mensuel d'un Roméo avoisine les 5 000 dollars, minimum. Loin, très loin, de la solde de 150 dollars des militaires congolais – lorsque celle-ci est versée – avec qui les Roumains partent régulièrement en mission.

Comme ce matin de novembre, lorsqu'un convoi de pick-ups, embarquant une vingtaine de Roméo et de militaires congolais, s'élance à toute bride depuis Goma en direction du front sur une route creusée de profondes ornières et bordée de milliers de tentes de déplacés. Sous un ciel vaporeux, le paysage urbain s'efface pour dessiner des collines rases et l'imposante silhouette du volcan Nyiragongo, toujours fumant. Quelques guérites font face à la position ennemie, que les soldats appellent Junion7. Les Roméo se déploient à une petite dizaine de kilomètres du site, tandis que des Congolais font décoller des drones de reconnaissance munis de caméras thermiques. Il faut peu de temps pour commencer à discerner des halos de chaleur, qui signalent la présence ici et là de guetteurs et snipers. Sur l'écran de contrôle apparaissent des rebelles et de probables militaires rwandais qui ont creusé un système de tranchées à même la colline. Leurs coordonnées seront transmises aux pilotes des deux Sukhoï Su-25, stationnés sur le tarmac de l'aéroport de Goma, qui iront ensuite lâcher sur Junion7 leurs bombes de 500 kg. Satisfaits de leur mission de reconnaissance, les Roméo rebroussent chemin jusqu'à l'hôtel Mbiza, tandis que les FARDC (Forces armées de la République démocratique du Congo) regagnent leur base à l'entrée de Sake.

« *Chef, je peux vous parler ?* », interpelle un soldat congolais à l'adresse de François, l'employé d'Agemira chargé de la logistique dans l'enceinte du camp. Le jeune militaire se plaint de dormir à même le sol et réclame un matelas. La réponse du Français fuse : « *J'en ai pas pour toi. Avec tes copains, vous vous êtes comportés comme de vrais sauvages la dernière fois.* » Il fait référence à un incident survenu la semaine précédente. À la suite d'une défaite face au M23, près de 400 soldats congolais en colère se sont mis à tirer en l'air et sur des tôles de leurs baraques des milliers de balles avec leurs kalachnikovs, pour exiger des soldes non versées depuis deux ans. Leur commandement a fini par débarquer de Goma avec 500 000 dollars à distribuer en petites coupures pour apaiser les esprits.

« Face au M23 équipé par l'armée rwandaise, on combat avec ce qu'on a, dont nos pouvoirs mystiques hérités de nos aînés. »

« Général » Gilbert « chef d'état-major » du groupe armé local, les Maï-Maï Kifuafua

« Entraînés par la souffrance »

Depuis la reprise des affrontements en septembre 2023, Kinshasa mise non seulement sur le renforcement de son aviation, mais aussi sur l'accroissement du nombre de militaires sur le front. Pourtant, au total, seuls 3 000 soldats seraient réellement aptes au combat, selon Létondot. Par crainte de la débâcle et faute d'une chaîne de commandement bien définie, aucune offensive majeure n'a jusqu'à présent été menée par les seuls militaires congolais. Dans cette curieuse guerre, les belligérants se regardent finalement le plus souvent en chien de faïence, de colline à colline, sans que jamais l'armée prenne l'initiative de combats rapprochés.

« *Nous sommes entraînés par la souffrance. Nous nous sacrifions pour nos terres et dépendons de la générosité des populations qu'on protège* », lâche d'une voix monocorde le « général » Gilbert qui tient salon sous l'appentis d'un bar sombre près du marché central de Sake. Visage impassible et fatigué, l'ancien enfant soldat se fait affable lorsqu'il s'agit de parler de sa guerre. Aujourd'hui quadragénaire au corps sec, il prétend diriger 826 hommes. Un effectif sans doute gonflé par celui qui porte un uniforme sans insigne ni médaille, ni aucun des titres qui lui sont chers. « Général » donc, mais aussi « chef d'état-major » de son groupe, Maï-Maï Kifuafua, il prend part à cette sale guerre contre le M23 aux côtés de l'armée congolaise qu'il lui est arrivé d'affronter par le passé.

« *On se coordonne pour certaines opérations, mais nous tenons à rester autonomes. Les militaires ont distribué quelques armes et munitions mais, nous, on n'a rien reçu*, raconte-t-il d'une voix calme en sirotant sa bière. *Face au M23 qui dispose du matériel moderne de l'armée rwandaise, on combat avec ce qu'on a, dont nos pouvoirs mystiques hérités de nos aînés.* » En fond sonore, la voix autotunée du rappeur Booba s'échappe des vieilles enceintes, tel un présage funeste : « *faudra les fumer avant ou ça va tourner au drame* ». « *En tout cas, Kinshasa compte sur nous, les Maï-Maï, pour vaincre le M23 et on va le faire* », reprend le « général » Gilbert, qui entend tirer lui aussi profit de cette guerre, grâce à laquelle les groupes armés comme le sien sont réhabilités et légitimés. Avec la bénédiction des politiciens, ils peuvent à nouveau régner en maîtres dans certaines zones de la région.

D'infréquentables à exemplaires

C'est à plus de 2 600 km à l'ouest, à Kinshasa, la capitale, que la présidence et ses stratèges militaires se sont résignés à miser sur ce

réservoir de guerriers des collines, en quête de reconnaissance et d'argent. Quitte à réduire encore un peu plus son pouvoir dans la région, l'État central a décidé dès la fin 2022 de recourir aux services d'une constellation de groupes armés subitement portés au pinacle. Ces caciques et petits soldats de milices, responsables pour certains de crimes de guerre, sont passés du statut d'infréquentables à celui de «*wazalendo*», des «patriotes» en swahili, exemplaires et inspirants. Le président Félix Tshisekedi vante leur courage et les qualifie volontiers de «*héros*» de la nation. Des fonds et de l'armement ont été répartis en octobre 2023 entre une poignée de chefs wazalendo lors d'une réunion tenue à Sake. Une manière de les motiver pour une offensive conjointe avec l'armée contre le M23. Dix jours plus tard, les stocks et budgets amenuisés, les militaires d'abord, les Maï-Maï ensuite,

« Kinshasa joue avec le feu en déversant encore plus d'armes dans la région. À ce rythme, ça risque de devenir la Libye. »

Un haut cadre de l'administration militaire de la province du Nord-Kivu

ont battu en retraite face à l'ennemi qui a repris ses positions et avancé derechef.

« *Kinshasa comprend mal la situation et joue avec le feu en déversant encore plus d'armes dans la région. À ce rythme, ça risque de devenir la Libye,* s'inquiète un haut cadre de l'administration militaire de la province. *Nous autres, on s'y perd et on ne sait plus combien de groupes armés s'activent dans le Nord-Kivu, ni qui est avec qui. Demain, ces wazalendo finiront certainement par se retourner contre l'État et l'armée, car ils n'auront pas le retour sur investissement espéré.* »

Si le « général » Gilbert rêve d'une vie de businessman entre Dubaï et Goma après une hypothétique victoire contre le M23, des milliers de fantassins et de chefs Maï-Maï espèrent, eux, récupérer des lopins de terre, et pourquoi pas de petits commerces. Ou se voir proposer d'intégrer l'armée – perspective hautement improbable. Longtemps pratiquée, l'incorporation d'anciens rebelles dans les rangs est décriée par les pays occidentaux et les Nations unies, qui doutent de leur loyauté au drapeau. Ces guerriers incontrôlables jalousent l'opulence des instructeurs blancs, qui préfèrent se tenir à distance. Ils combattent un même ennemi, pour le compte d'un même président, mais pas dans les mêmes conditions. Kinshasa n'a pas vraiment pensé ni financé de programme réaliste de démobilisation et de réintégration des combattants de groupes armés. Alors, condamnés à errer dans les collines et les cités désolées du Masisi, ceux-ci prélèvent des taxes sur les routes et ne se départissent plus de leurs fusils d'assaut, même en ville. L'alcool aidant, ils n'hésitent pas à tirer à bout portant sur tout ce qui leur résiste, même un malheureux vendeur de cigarettes ayant osé réclamer son dû. Les gens de Sake n'ont peut-être pas tort de redouter le pire.

Mercenaires en quête de respectabilité

Bob Denard, mort treize ans après avoir servi le camp des génocidaires des Tutsis au Rwanda en 1994, était-il le dernier véritable mercenaire français ? Le mythe du « barbouze » – ou « corsaire », voire « chien de guerre » – perdure en tout cas. Il renvoie à ces soldats perdus des guerres coloniales, animés par une haine du communisme mâtinée de convictions d'extrême droite. Depuis la fin de la Guerre froide et de l'apartheid en Afrique du Sud, le mercenariat s'est mué en une activité capitaliste plus ou moins légalisée, donnant naissance à l'industrie lucrative des sociétés militaires privées (SMP), où les employés sont des *« contractors »*, des « instructeurs », des « experts en sécurité ». Qui ne veulent plus être appelés « mercenaires ».

Pionnier de cette tendance, le Sud-Africain Eeben Barlow a fondé en 1989 son entreprise Executive Outcome, qui négocie avec des gouvernements ses prestations militaires en échange de concessions pétrolières ou diamantaires. Aux États-Unis, l'ancien commando du corps d'élite des Navy Seals devenu milliardaire, Erik Prince, a fondé en 1997 l'entreprise Blackwater (devenue Xe en 2009, puis Academi en 2011). Ses meilleurs clients : le gouvernement américain, qui privatise alors une partie des tâches logistiques de son armée en Irak ou en Afghanistan, et de sécurisation de son corps diplomatique. Aux milliards de dollars d'argent public s'ajoutent les contrats mirobolants avec des sociétés pétrolières, pour la sécurisation des sites et du personnel. Et ce, malgré les crimes perpétrés par des membres de Blackwater – lors de la tuerie de 17 civils irakiens à Bagdad en 2007 notamment.

Ces deux avant-gardistes ont ouvert la voie à un marché générant chaque année des revenus estimés par les analystes à plusieurs centaines de milliards de dollars. *« Cette industrie apporte aux États et organisations internationales comme l'Union européenne des solutions techniques avec une souplesse et une efficacité propres au secteur privé »*, analyse l'ex-colonel français Peer de Jong, fondateur de l'institut Themiis spécialisé dans la formation d'armées africaines. L'UE souligne toutefois dans une note d'analyse d'août 2023 que les SMP ont *« peu intérêt à œuvrer à la paix »* et peuvent *« contribuer à fragiliser les institutions* [...] *et porter atteinte à la souveraineté des États »*.

Erik Prince, alors commando des Navy Seals, lors de son audition par le Congrès américain le 2 octobre 2007.

LARRY DOWNING / REUTERS

Depuis leur genèse, les SMP servent d'instruments diplomatiques, de renseignement et d'influence pour les États dont ils sont originaires comme pour ceux qui les recrutent. Autrefois apanage d'entrepreneurs pro-occidentaux, l'industrie a vu émerger de nouveaux acteurs, chinois, turcs et plus largement issus des puissances émergentes. Mais l'irruption de Wagner sur plusieurs théâtres d'opérations a bouleversé les règles du jeu. Ses combattants – qui, eux, se revendiquent mercenaires – s'illustrent par des crimes de guerre, une prédation assumée des ressources extractives et le maniement habile de la désinformation. **OLIVIER LIFFRAN ET JOAN TILOUINE**

Bières et clubs sélects

Comme chaque week-end, la jeunesse dorée se presse dans les clubs et bars sélects de Kinshasa. Des fils et filles à papa capables de se délester en une nuit du salaire annuel d'un petit fonctionnaire. La guerre contre les rebelles du M23 paraît bien loin, vue d'ici. L'élite kinoise s'attarde rarement sur la situation dans l'est de la République démocratique du Congo. La guerre pour eux est un état de fait. La paix, une exception.

Pour le clubbeur friqué comme pour le journaliste de passage, appréhender cette réalité, c'est se confronter à l'insondable. Nous connaissons bien l'histoire congolaise, ses tourments, sa complexité. Il faut pourtant faire violence à l'esprit pour passer du kaléidoscope des nuits de la capitale à la lente file des déplacés de Sake, localité déglinguée à une vingtaine de kilomètres de la capitale provinciale du Nord-Kivu, Goma. Nous nous y sommes rendus au petit matin, conscients du risque : les « wazalendo », les groupes armés sur lesquels s'appuie Kinshasa pour combattre le M23, ont tendance à sombrer dans une ivresse violente dès les premières heures du jour.

D'un bord ou l'autre, au Congo, il est facile de faire parler les belligérants. Un ton badin, une flatterie bien placée, des bières partagées amènent souvent des confidences. La rationalité de cette guerre demeure obscure, même pour ceux qui la font. À l'image de ces Blancs surarmés, pour la plupart des Roumains embauchés par le pouvoir de Kinshasa pour servir d'instructeurs, qui ont débarqué au Nord-Kivu depuis 2022. D'un abord peu avenant, ils se laissent plus facilement approcher quand on est introduit par quelques contacts. Une fois cette barrière franchie, alors certains se prêtent au jeu, presque heureux de se dévoiler un peu, et de confesser qu'eux non plus ne comprennent pas très bien ce conflit auquel ils prennent pourtant part. **O. L. ET J. T.**

À lire, à écouter, à voir

L'assassinat de Laurent-Désiré Kabila, un thriller congolais
podcast d'Esdras Ndikumana et Arnaud Zajtman
RFI, 2021
Ce podcast captivant rouvre un dossier sombre de l'histoire congolaise et explore sur quatre épisodes quelques pistes d'enquêtes en s'appuyant sur des documents et témoignages rares d'anciens responsables de la sécurité et politiques.

Mathématiques congolaises
d'In Koli Jean Bofane,
éd. Actes Sud, 2008
Près de quinze ans après sa sortie, cette fiction reste une référence pour saisir les intrigues du pouvoir congolais. L'auteur décrypte avec humour et délicatesse les réalités des faubourgs populaires impitoyables de la mégalopole et les cénacles d'une élite politique cynique et vénale.

Congo, Une histoire
de David van Reybrouck,
éd. Actes Sud, 2012
Ce best-seller retrace cent vingt ans d'histoire congolaise. Une fresque totale où se succèdent la colonisation brutale belge, le système prédateur mis en œuvre par le maréchal Joseph Mobutu Sese Seko, puis les guerres sanglantes à partir de 1994.

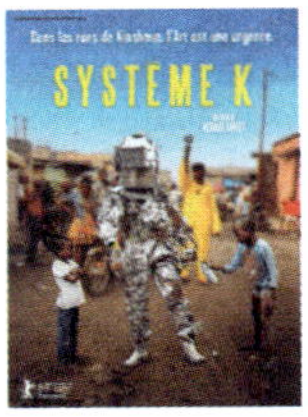

Système K
documentaire de Renaud Barret, 2020
Dans un Kinshasa frénétique, une poignée d'artistes déversent angoisse et rage dans leurs créations, pour trouver du sens à un quotidien chaotique. Il y a comme une pulsion de vie dans cette scène bouillonnante, filmée avec intensité par l'auteur du remarqué *Benda Bilili!*, documentaire sur un orchestre congolais composé pour partie de musiciens paraplégiques.

Les tribulations du palmier solitaire

FÉCONDATION MANUELLE, CULTURE IN VITRO… DES BOTANISTES DU MONDE ENTIER ONT TOUT ESSAYÉ POUR SAUVER LE DERNIER SPÉCIMEN D'UN PALMIER ENDÉMIQUE DE L'ÎLE MAURICE. SANS SUCCÈS. AUJOURD'HUI, SON SORT EST SUSPENDU AU SAVOIR-FAIRE DE L'ÉQUIPE DU CONSERVATOIRE DE BREST.

Par Virginie de Rocquigny — Illustrations Antoine Maillard

La moindre entaille peut tout faire capoter. Catherine Gautier inspire un grand coup, ajuste sa blouse blanche et saisit un scalpel. Sur la paillasse du laboratoire gît une curieuse corne verte d'une trentaine de centimètres, dure comme de la pierre : une inflorescence en formation, la tige qui portera les futures fleurs. La biologiste aux boucles sculptées épluche les couches de feuilles avec précaution. Volontiers volubile, elle maintient pendant l'opération un silence concentré. Un minuscule plumeau pâle, ébauche de floraison, apparaît enfin, intact. D'un air victorieux, la responsable de la conservation du Conservatoire botanique national de Brest le saisit avec une pince en métal pour le désinfecter, puis le déposer dans un tube à essai, où il sera dopé aux vitamines. Voilà sur quoi repose la dernière chance de reproduire l'unique survivant de l'espèce *Hyophorbe amaricaulis*. La plante la plus rare au monde, puisque c'est la seule, en l'état des connaissances actuelles, dont il ne reste qu'un exemplaire.

Le rescapé grandeur nature se dresse à 10 000 kilomètres du Finistère et à 550 mètres d'altitude sur le plateau central de l'île Maurice, dans l'océan Indien. C'est là que l'inflorescence a été prélevée sept jours plus tôt, au printemps 2023, avant d'être acheminée en avion. Depuis quatre ans, Catherine Gautier et ses collègues se sont lancés dans ce projet de sauvetage comme dans une course contre la montre : le palmier centenaire, déjà fragile, peut mourir à tout moment. Un cyclone trop violent, une attaque fatale de termites, et c'est fini.

Endémique de Maurice, l'espèce n'existe nulle part ailleurs. En l'absence de congénères, il ne peut plus produire de graines naturellement, ni donc avoir de descendant. Seules deux solutions pourraient permettre de sauver l'espèce : la culture in vitro d'un embryon immature ou de cellules de l'inflorescence. Le Conservatoire botanique s'est associé à un laboratoire spécialisé dans les biotechnologies végétales, plus habitué à mettre au point des variétés de chou-fleur, d'abricot ou d'asperge qu'à manipuler des plantes en voie de disparition, pour réussir là où des chercheurs du monde entier ont déclaré forfait. Depuis quarante ans, des spécialistes mauriciens, anglais ou irlandais ont tenté d'éviter la disparition du seul *Hyophorbe amaricaulis* encore sur Terre. Sans succès.

Dans le bureau de Stéphane Buord, directeur scientifique des opérations internationales du Conservatoire, on trouve des

Ce projet de sauvetage est une une course contre la montre : le palmier centenaire, déjà fragile, peut mourir à tout moment.

dossiers, des graines et des tubes à essai remplis de plantes minuscules qu'il décrit avec tellement d'emphase que rapidement vous les regardez comme des trésors. Depuis 2019, ce biologiste pince-sans-rire pilote avec détermination le projet de sauvetage de l'espèce avec ses partenaires mauriciens.

Pourquoi le palmier plus qu'un autre? Certes la plante n'existe plus qu'en un seul exemplaire, mais elle n'a ni vertus médicinales, ni caractéristiques rares qui la distingueraient des autres. Ni plus ni moins, en tout cas, que le million d'espèces végétales et animales menacées dans le monde et recensées par l'Union internationale pour la conservation de la nature. Et puis, il existe plus de 2 500 espèces de palmiers sur Terre. Alors, une de plus, une de moins... Pour Stéphane Buord, la question ne se pose pas en ces termes: ce palmier fait partie d'un patrimoine, il incarne l'histoire de milliers d'années d'interactions entre le vivant et l'environnement. C'est bien suffisant pour mériter une débauche d'énergie et de moyens. «*On peut comparer la biodiversité à une maison. Chaque espèce est une brique, elle a une vie propre mais ne se développe que dans un contexte, un écosystème. Si on enlève une brique, ce n'est pas si grave. Si on en perd une dizaine, ça tient encore. Mais au bout de cent, la maison menace sérieusement de vous tomber sur la tête*», justifie Stéphane Buord.

Au pied de son bureau, dans un vallon en pente vers la mer, le Jardin botanique de Brest abrite depuis 1975 l'une des plus riches collections au monde de plantes menacées d'extinction. L'établissement a déjà sauvé plusieurs espèces. «*Qui nous dit qu'un jour on ne découvrira pas que le palmier recèle une molécule capable de guérir une maladie?*», interroge Catherine Gautier, dont l'amour de la flore lui vient d'une grand-mère cueilleuse, et qui veille avec abnégation sur une banque de graines de 2 000 espèces en danger.

Le panda des plantes

L'équipe brestoise va plus loin encore. Et si *Hyophorbe amaricaulis* devenait «*le panda des plantes*»? Une icône emblématique et majestueuse capable de donner un élan à la protection des végétaux. Le directeur des opérations internationales mise sur lui comme porte-étendard, «*avec son côté dernier des Mohicans, plus à même de susciter l'empathie qu'une modeste herbacée*». Car, malgré l'urgence, la cause de la flore ne mobilise pas les foules. Deux botanistes américains ont inventé à la fin des années 1990 le terme de «*plant blindness*» pour désigner cette indifférence à l'égard de la flore, considérée comme un décor, sans qu'on en apprécie les spécificités et

l'importance. « *Je vous mets au défi de me citer une seule plante disparue ou menacée qui soit populaire* », lance Stéphane Buord. Rien à voir avec la compassion suscitée par les ours blancs, les tigres ou les bonobos. Les Mauriciens en savent quelque chose.

Congélateur breton

L'arrivée sur l'île Maurice en avion est spectaculaire : lagons turquoise, longues plages de sable blanc et la silhouette du Morne Brabant, une molaire de 550 mètres d'altitude sortie d'une vaste plaine. Dès la sortie de l'aéroport, la fierté locale, le dodo, est partout : dans les boutiques de souvenirs et sur les billets de banque. Ce gros pigeon qui ne savait pas voler s'est éteint moins d'un siècle après l'installation des premiers colons. Chassé par les hommes, incapable de se défendre face aux prédateurs débarqués des cales des navires (qui le mangeaient lui, ou ses œufs), il est devenu un symbole de la disparition des espèces animales du fait des activités humaines. « *Le dodo est un emblème de ce que nous sommes : un laboratoire de l'extinction. Ici, nous travaillons sur le front, c'est l'un des lieux au monde qui compte le plus d'espèces menacées* », se désole Vincent Florens, le bien nommé. Professeur d'écologie à la faculté des sciences de l'île Maurice, il est engagé dans la protection de la faune et de la flore de sa terre natale comme dans « *une bataille perdue d'avance* », qu'il veut mener malgré tout « *pour être du bon côté de l'histoire*

La plante solitaire est allogame : elle produit ses fleurs mâles et femelles successivement, ce qui empêche l'autofécondation.

Les institutions mauriciennes ont noué les premières relations avec le Conservatoire botanique de Brest dans les années 1970. Leur collaboration a notamment permis d'éviter l'extinction de *Cylindrocline lorencei*, un arbuste de la famille des pâquerettes, aux feuilles duveteuses et aux délicates fleurs mauves. La plante doit sa survie à des graines collectées avant son extermination, et stockées dans des congélateurs bretons. Si les essais de germination naturelle n'ont pas fonctionné, l'équipe du Conservatoire de Brest est parvenue à déceler dans l'embryon des cellules encore viables. Cultivés in vitro, ces tissus ont permis de régénérer des plantes entières. Une prouesse technique. Dans les années 2000, le recours aux biotechnologies pour sauver des végétaux rares se pratiquait encore très peu. Trois clones permettent depuis 2009 de multiplier l'arbuste à grande échelle. En 2020, des jeunes *Cylindrocline lorencei* ont été rapatriés à Maurice et réintroduits dans la réserve de Pétrin, au cœur du parc naturel des gorges de Rivière Noire.

Un modèle pour le palmier solitaire, que le service des forêts de Maurice surveille depuis les années 1980. La plante n'avait alors déjà plus de congénères. Problème : elle est allogame, c'est-à-dire qu'elle produit ses fleurs mâles et femelles successivement, ce qui empêche l'autofécondation dont sont capables d'autres végétaux. Pour espérer désormais obtenir des fruits, il faut donc polliniser les fleurs à la main. L'opération consiste à récolter le pollen dans un filet puis à le déposer au pinceau sur les fleurs femelles. Si le processus fonctionne, il faut attendre ensuite deux années avant que le fruit donne une graine mature, capable d'engendrer un nouvel individu. Malheureusement, avec ce palmier orphelin, ça n'a pas été aussi simple.

Sur le faible échantillon de fruits obtenus par ces fécondations manuelles, très peu ont donné naissance à une graine viable depuis les premiers essais de 1985, sans que personne ne puisse vraiment l'expliquer. Pourquoi ses graines semblent-elles stériles ? Pour le comprendre, le ministère de l'Agriculture mauricien et le service des parcs nationaux ont conduit de multiples programmes de recherche et se sont entourés de partenaires du monde entier. En 1987, des biologistes irlandais ont ainsi tenté la culture in vitro d'embryons immatures, prélevés dans les graines de *Hyophorbe amaricaulis*, sans succès. En 2006, après de longues négociations avec les autorités mauriciennes, Viswambharan Sarasan, directeur de recherche de l'un des plus prestigieux centres de recherche botanique au monde, Kew Gardens à Londres, a obtenu le droit de prélever des fruits. Cette fois, la culture in vitro a fonctionné et la victoire n'a jamais semblé si proche. Mais trois mois plus tard, quand les précieuses plantules sont sorties de leurs fioles, elles ont rendu l'âme une à une…

Nouvelle tentative en 2010. Cette fois, c'est le *« messie des plantes »* qui s'est penché sur le cas du palmier. Électron libre tendance survolté, l'Espagnol Carlos Magdalena a adopté ce surnom que lui a donné la presse de son pays – sa longue chevelure brune n'y est sans doute pas pour rien –, au point d'en faire quelques années plus tard le titre de son livre, récit d'une vie à courir le monde au chevet des végétaux rares. Parmi ses faits d'armes, le sauvetage du café marron, un arbuste des îles Mascareignes. Pour le palmier, le personnel des parcs nationaux de Maurice a suivi les recommandations du botaniste : conserver les fruits en sac stérile et les stocker au frigo. Avant de reprendre l'avion pour l'Europe, Carlos Magdalena s'est arrêté pour récupérer le matériel à la pépinière, tombant nez à nez avec un ouvrier horticole en train de mâcher les fruits de l'arbre à protéger. Le coupable a immédiatement précisé que c'était la première fois qu'il goûtait cette variété. Quiproquo, indifférence ou provocation, personne ne sait ce qui a rendu l'incident possible. Au bord de la crise de nerfs, Carlos Magdalena a quitté l'île avec trois graines, qui ont péri peu après.

Pendant ce temps, le palmier a vieilli, il montre aujourd'hui des signes de faiblesse. Ses fruits tombent au bout de quelques mois, bien avant qu'on puisse y déceler un embryon. Une plaie se creuse sur son stipe – son tronc. Les cas désespérés n'effraient pas Stéphane Buord. On peut même dire qu'il les affectionne, en digne héritier du fondateur du Conservatoire de Brest, Jean-Yves Lesouëf, l'un des premiers à s'être alarmé du sort des plantes dès les années 1960.

À coups de gourdin

Si le paysage de Maurice paraît verdoyant vu du ciel, on estime que seuls 2 % des forêts qui couvraient l'île avant l'arrivée des hommes existent encore. Déforestation, pression démographique, urbanisation : l'histoire s'est ici écrite en accéléré, au détriment de nombreuses espèces. *« L'île Maurice fut l'un des derniers territoires au monde à être colonisés par les hommes et c'est l'un des plus détruits. On est un peu une caricature du monde, en pire »*, résume l'universitaire Vincent Florens, capable d'autant de cynisme que d'abattement quand il dépeint son pays.

Les Hollandais, les premiers à s'établir sur cette île, vierge de toute occupation humaine jusqu'en 1598, ont découvert

Depuis quarante ans, toutes les tentatives de pollinisation manuelle n'ont donné que très peu de graines viables.

une terre paradisiaque couverte d'arbres rares et précieux. La nourriture était abondante et la faune peu farouche. Une gravure montre deux marins chevauchant une tortue géante sur la plage tandis que d'autres persécutent des oiseaux à coups de gourdin. L'éden s'est vite transformé. Avec les Européens ont débarqué des animaux exotiques – singes, rats ou cochons – qui ont mis en péril l'équilibre insulaire et causé des ravages sur la faune locale, inadaptée à toute forme de concurrence. Les Hollandais ont abattu les arbres du rivage, notamment les ébéniers, pour exploiter le bois noir du centre de leur tronc. Quand les Français ont pris possession de l'île en 1715, ils ont continué le saccage pour la transformer en colonie rentable, jusqu'à ce que les Anglais la leur ravissent et intensifient la production de canne à sucre.

Le plateau sur lequel pousse *Hyophorbe amaricaulis* est l'une des dernières zones à avoir subi la déforestation. À l'époque, les colons, établis sur les côtes, ne s'y hasardaient que pour poursuivre les esclaves marrons. Peu à peu, les plantations de canne ont progressé. Sur les hauteurs, la forêt a été exploitée à partir de 1850, et des villas ont jailli de terre. En 1890, on comptait déjà 10 000 habitants à Curepipe. La ville a émergé si vite *« qu'on pourrait croire son plan dessiné par un halluciné »*, rapporte l'historien Charles Giblot Ducray, dans son *Histoire de la ville de Curepipe* (1957).

Casino délabré

À l'arrivée à la gare routière de Curepipe aujourd'hui, les clichés enchanteurs des agences de voyage sont bien loin. Un microclimat assure un ciel souvent gris. L'air est gorgé d'humidité. La ville construite sur des marécages a été asséchée par un système de drains, mais comme l'explique un Curepipien, en pataugeant en sandales dans son jardin, *« lors des grosses pluies, l'eau reprend ses droits »*. Au cœur du centre-ville, le marché se déploie dans un étrange bâtiment en forme de silo à grains. En face, le casino est tellement délabré qu'on lui trouve au premier abord le charme d'un établissement abandonné. En regardant de près, on découvre qu'il ne l'est pas. La presse locale indique néanmoins qu'il n'a plus de quoi payer les gains des clients.

À quelques arrêts de bus de là, le Jardin botanique est désert au petit matin. Seule une promeneuse en fait le tour d'un pas pressé. Elle interrompt sa marche le temps d'une mise en garde : *« Attention, des voleurs*

Le voilà enfin, le palmier orphelin, à côté d'une poubelle et protégé par une cage en métal. « C'est ça, une plante rare ? »

peuvent surgir des bosquets ! » Mais il n'y a que des chiens errants pour rôder autour du kiosque à musique victorien et le long des bassins remplis de nénuphars. À l'abri de l'agitation de la ville, le jardin de deux hectares abrite de nombreuses espèces indigènes, comme le bois macaque aux larges feuilles luisantes ou encore l'arbre du voyageur, déployé comme un éventail.

Au détour d'une allée, le voilà enfin, le palmier orphelin connu des botanistes du monde entier, juste à côté d'une poubelle et à l'ombre d'un opulent camphrier. Son stipe grêle et grisâtre, entaillé d'une profonde fissure, soutient sa maigre couronne formée de quatre palmes. La cage de métal de plusieurs mètres de haut qui l'encercle pour le protéger et permettre de grimper jusqu'à ses fleurs ne fait que renforcer la pitié qu'il inspire. « *C'est ça, une plante rare ?* » Voilà ce qu'a pensé Émeline Renou, jardinière au Conservatoire botanique de Brest quand elle a pris ses fonctions auprès des espèces menacées. Et c'est bien la première impression que provoque la plante la plus rare au monde sous le ciel gris de Curepipe.

L'après-midi, le jardin s'anime, mais aucun flâneur ne daigne s'attarder devant le vieux palmier. En face de la plante esseulée, trois générations d'une même famille dégustent des sablés recouverts d'un glaçage aux couleurs nationales, en l'honneur des 55 ans de l'indépendance de la République mauricienne, célébrés la veille. Ils connaissent vaguement l'histoire d'*Hyophorbe amaricaulis*, mais ouvrent des yeux stupéfaits en apprenant que l'espèce n'existe nulle part ailleurs. « *Peu de Mauriciens ont conscience de l'exceptionnelle biodiversité de leur île. Sur un territoire où l'on a détruit 95 % des forêts, comment voulez-vous que les gens aiment la nature ?* », se désole Vincent Florens.

Stéphane Buord reconnaît que ce vieux palmier est « *dégingandé* ». Chaque année, avec Catherine Gautier, il se rend à Maurice pour différents programmes de conservation. Quand il pense à *Hyophorbe amaricaulis*, il entend le tic-tac du chronomètre. Les essais en cours sont encourageants, mais rien n'est encore joué. En l'absence de graines suffisamment matures pour extraire un embryon, Catherine Gautier a réussi à mettre en place un protocole en travaillant sur une espèce voisine mais bien moins rare. En parallèle, elle tente depuis un an la culture in vitro de l'inflorescence. Après deux échecs, le dernier essai en date a produit de minuscules amas de cellules. La piste est prometteuse : l'équipe brestoise veut retenter le même protocole afin de multiplier ses chances de régénérer une plante. Catherine Gautier a demandé à son intermédiaire à Maurice, Kersley Pynee, de lui expédier du matériel frais.

Le technicien du service des parcs nationaux est incollable sur *Hyophorbe amaricaulis*. Et il veut croire au succès de cette opération de sauvetage. Ce fervent pentecôtiste d'origine créole ne manque pas de « *remercier Dieu* » quand il raconte son apprentissage tardif de la botanique, entre mémorisation des termes latins et sorties dans les bois dès l'aube. La cinquantaine, tout en muscles, il s'est acharné, jusqu'à si bien connaître la flore de son île que deux espèces portent son nom, ce qui le remplit de fierté.

Ce jour-là, armé d'un sécateur, Kersley Pynee grimpe à l'échelle pour atteindre la couronne du palmier. D'un coup sec, il tranche le seul rameau de fleurs en formation et glisse la corne luisante dans un sac de congélation. Il vérifie les tampons sur les documents officiels car même les végétaux ont besoin de papiers pour passer les frontières, et me tend le paquet en silence, d'un air confiant. Dans ma valise s'envole vers la France un morceau du dernier *Hyophorbe amaricaulis*, seul souvenir qui mériterait que les douaniers demandent, à l'aéroport : « *Transportez-vous des objets de valeur ?* » XXI

Éden restauré

Aujourd'hui, seule la réserve de Brise Fer, au sud-ouest de l'île Maurice, peut donner une idée de la richesse des forêts tropicales humides avant le balai des scies et des haches. En bordure des gorges de Rivière Noire, cet espace de vingt hectares, à 550 mètres d'altitude, fait l'objet d'un programme de restauration depuis 1986. Afin de régénérer la nature, les services forestiers mauriciens, en lien avec la Mauritian Wildlife Foundation, ont mis en place des opérations régulières pour arracher la végétation exotique envahissante et dégager les arbres les plus rares. Un travail titanesque, qu'il faut sans cesse recommencer. Le contraste avec les parcelles non nettoyées est saisissant. Hors de la réserve, les espèces exotiques, notamment les goyaviers de Chine, ont pris le dessus et étouffent la végétation indigène. Dans l'enclave de Brise Fer, bourdonnante du chant des criquets, chaque tronc abrite une vie à tous les étages, dans une profusion de mousses, de lianes et de fougères. C'est là que se trouve la plus riche variété de plantes indigènes : de grandioses tambalacoques, mais aussi des bois colophane et des bois d'ébène. Brise Fer attire les ornithologues, qui peuvent y observer des espèces endémiques rares comme la grosse cateau verte, la crécerelle de Maurice ou le pigeon rose. Le programme de restauration de la forêt profite aussi à des espèces plus discrètes, tels d'agiles petits geckos verts uniques au monde.

VIRGINIE DE ROCQUIGNY

« Il faut conserver les habitats des espèces »

Bruno Colas est biologiste au laboratoire Écologie, systématique et évolution de l'université Paris-Saclay. Il travaille sur la conservation d'espèces végétales rares.

XXI Depuis quand parle-t-on de biologie de conservation ?
Le concept a émergé au début des années 1980, par la voix de Michael Soulé, un biologiste américain. Au vu des extinctions qu'ils commençaient à observer, les scientifiques se sont inquiétés et ont voulu agir. La biologie de conservation était alors centrée sur les espèces – animales ou végétales –, car les gens qui la pratiquaient venaient de la biologie des populations, avec une vision évolutionniste, plutôt que de l'écologie fonctionnelle, qui s'intéresse aux écosystèmes.

Doit-on choisir entre sauver une espèce ou un écosystème ?
Pour préserver la biodiversité en général, il est plus efficace de conserver les habitats. Il s'agit de maintenir des milieux dans lesquels les espèces peuvent évoluer, au sens darwinien du terme, en fonction des changements environnementaux. Il n'empêche que si on a un attachement particulier pour une plante, si elle rend un service écosystémique, si on cueille ses fleurs pour en faire des tisanes, si elle est utile pour la lutte contre l'érosion, ou qu'elle est l'hôtesse d'un papillon qu'on veut protéger, je ne vois pas d'inconvénient à ce qu'on mène des programmes centrés sur les espèces.

Vous travaillez actuellement sur les translocations d'espèces. De quoi s'agit-il ?
Cela consiste à déplacer des individus vers des sites naturels afin de créer ou de renforcer les populations existantes. Cela permet d'améliorer la conservation de l'espèce concernée, à une échelle locale ou sur l'ensemble de son aire de répartition. Mais c'est un outil par défaut, un dernier recours quand tout le reste n'a pas marché. La mise en place de ces programmes signifie que l'on n'a pas réussi à maintenir un paysage permettant aux espèces de se débrouiller seules…

Car les extinctions sont naturelles…
Oui, 90 % des espèces qui ont vécu sur la Terre ont disparu ! Le problème, c'est qu'actuellement, on estime que le taux de disparition est cent fois plus élevé que la normale, c'est-à-dire hors périodes catastrophiques telles que dans les temps géologiques. Ces extinctions ne sont que la partie émergée de l'iceberg : nous assistons aussi à des baisses d'effectifs énormes dans les populations animales et végétales, qui sont les prémisses d'extinctions futures.

PROPOS RECUEILLIS PAR V. R.

Cylindrocline lorencei, **au second plan, a été réimplanté sur l'île Maurice en 2020, en partie grâce au Conservatoire de Brest.**

CARLOS MUÑOZ YAGÜE / DIVERGENCE

Au chevet des cas désespérés

Fondateur du Conservatoire botanique national de Brest, Jean-Yves Lesouëf fait partie des premiers en France à s'être alarmé du sort des plantes dès les années 1960. Fils de pépiniériste, et botaniste autodidacte, il a commencé par collecter des espèces rares pour différentes institutions. Le projet d'un jardin conservatoire a émergé alors que l'université de Madrid l'avait envoyé dans les années 1970 observer la naufragée des Baléares, qu'on ne trouvait plus que dans un endroit au monde. *« M'est venue l'idée de mettre du matériel en culture pour conserver l'espèce. Un peu sur le modèle des parcs zoologiques pour les animaux »*, se souvient le Breton de 82 ans à l'épaisse chevelure blanche, dans son salon envahi par les semis. Il se met alors en quête d'un terrain. Le climat doux et tempéré de la pointe bretonne est favorable aux plantes tropicales, et les élus de Brest l'accueillent en 1975 dans un vallon à l'abandon. Ravagée par la guerre, la ville sort à peine de sa longue reconstruction. Les habitants ont besoin d'espaces verts. D'une carrière devenue décharge naît un luxuriant jardin de trente hectares, où les petits Brestois apprennent à faire du vélo entre les magnolias, le séquoia géant et la bambouseraie.

Aujourd'hui, Jean-Yves Lesouëf ne voit plus clair mais sa dévotion au monde végétal n'a pas faibli. Au printemps, avec sa femme, ils ont passé six semaines en Équateur à la poursuite de fuchsias et de passiflores. Le couple est rentré avec quelques boutures planquées dans les valises. De l'île Maurice, il garde le souvenir de l'un de ses premiers voyages, dans les années 1970. Sa femme, enceinte, avait dû grimper sur ses épaules pour attraper des graines de *Cylindrocline lorencei*. Celles-là même qui, des années plus tard, ont permis de redonner vie à l'espèce, à Brest. **V. R.**

À lire, à écouter, à voir

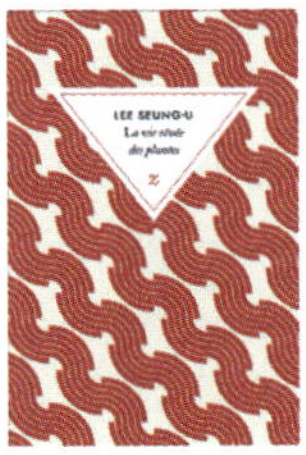

La vie rêvée des plantes
de Lee Seung-U
éd. Zulma, 2006
Détective désabusé, Kihyon se lance dans une filature qui le mène à un mystérieux palmier. Au pied de la plante, il trouve sa mère, et des secrets de famille. Dans ce roman sud-coréen, les arbres protègent les amants, pansent les plaies et brodent sous la terre des liens invisibles.

Francis Hallé
podcast de Simone Douek
France Culture, 2010
Botaniste, spécialiste des forêts tropicales, Francis Hallé se confie en marchant dans un sous-bois. De sa découverte de la magie des plantes sur son balcon d'étudiant à ses expéditions sur la canopée, le récit d'une vie éblouie par le végétal.

Botaniste
de Marc Jeanson et Charlotte Fauve
éd. Grasset, 2019
Amoureux fou des palmiers et ancien responsable de l'Herbier national, Marc Jeanson raconte ses expéditions et dresse de fabuleux portraits de ses prédécesseurs, infatigables arpenteurs, prêts à sacrifier leur vie pour décrire et collecter des plantes. Captivant.

Histoires de graines
de Thierry Ardouin
éd. Xavier Barral, 2022
Comment se lasser de la prodigieuse diversité de gabarits, de couleurs et de matières de cette galerie de portraits ? Les graines capturées par le photographe fascinent autant par leur beauté formelle que par l'énergie vitale qu'elles couvent en cachette.

MF
441
PL-81

Les champs de la discorde

LA TRANSMISSION DE LA FERME AURAIT DÛ BIEN SE PASSER. LE PROJET DE LA FILLE PROLONGEAIT L'ŒUVRE DE LA VIE DU PÈRE, EN Y AJOUTANT UNE DIMENSION COLLECTIVE. MAIS QUAND IL A FALLU LAISSER LES JEUNES FAIRE À LEUR MANIÈRE, TOUT A DÉRAILLÉ.

Par Marion Touboul
Illustrations Guillaume Reynard

La ferme, ce matin-là de 2021, est étonnamment vide et silencieuse. Tant mieux, se disent Alain et Claudine en se faufilant dans leur ancien bureau. Ils attrapent de vieux classeurs, les rangent dans un grand carton. Les gestes sont à la fois rapides et lourds. Devant les étagères, ils hésitent.

— *On les embarque ?*

Alain secoue la tête.

— *On les laisse, elles pourraient nous être utiles si on revient vivre ici.*

C'est au moment de partir qu'ils la voient, posée en évidence sur la grande table en bois. Une lettre tapée à l'ordinateur. Il y est question d'interdiction de revenir à la ferme. Une mise en demeure. On a beau être au début de l'été, un froid terrible s'empare d'eux. Ils tournent le courrier dans tous les sens. Se le repassent comme une grenade dégoupillée. Au-delà des mots, le plus difficile, ce qui les oblige à s'asseoir, c'est de la voir fluide et dense, d'une encre noire et définitive : la signature de leur fille, Céline, 32 ans. Céline, l'aînée de leurs trois enfants. Céline, la nouvelle responsable des lieux avec trois amis paysans. « *Nous rejeter, nous, ses parents !* » Alain enrage. Eux qui ont tant milité pour que les petites fermes vivent. Eux qui en ont accompagné, des jeunes, pour qu'ils s'installent. « *Et dire que ça fait dix ans qu'on prépare ce moment…* » Ils pensent à leurs amis, leur famille. Que dira-t-on d'eux ? Rater la passation, c'est un peu comme s'écrouler aux derniers mètres d'un marathon. Une blague et un désastre à la fois.

Quelques semaines plus tôt, ils vivaient encore là, dans ce village de 2 000 habitants éparpillés sur 110 km² de collines et de prairies, la plus vaste commune du parc naturel régional du Haut-Languedoc. Depuis ses hauteurs, on voit loin, jusqu'aux mamelons de la Montagne Noire, entre le Tarn et l'Aude. Le paysage est spongieux. Immense. Grandiose. La route serpente entre les champs de blé. On tourne à gauche sur un petit chemin de terre. Ils y possédaient une centaine d'hectares, 130 brebis, cinq vaches Aubrac, et même un gîte, où sont nés dix-sept enfants. Ceux de couples fâchés avec l'hôpital qui voulaient accoucher au chant des rouges-gorges.

Alain ne comprend pas. C'est pour tenter d'y voir plus clair qu'il accepte de parler, d'une voix rugueuse, installé dans le salon de leur nouvelle demeure. Une maison de ville où le couple refait tout, à commencer par les planchers. Immense et fin, Alain a le regard vif et d'un bleu très tendre, comme lavé. Il a pris la barre de l'exploitation quand il avait 25 ans. La culture de blé, les moissons, l'élevage, les trajets en tracteur, les parcelles fauchées à la main… Il en a aujourd'hui 74 et son corps s'achève par une lourde virgule au niveau des épaules. Il est fatigué.

Alain et Claudine ne sont pas leurs vrais prénoms, pas plus que Céline ni les autres. Si la famille a bien voulu témoigner, c'est dans l'espoir de faire évoluer la situation, et que les transmissions soient mieux accompagnées, pas pour être interpellés sur les marchés. C'est dire si le sujet est délicat. D'ici à 2030, la moitié des

> **« Le premier frein à la transmission est financier. Et quand ce point est réglé, reste à franchir le palier le plus délicat, le facteur humain. »**
>
> **JEAN-LUC HERVÉ** PORTE-PAROLE DE LA CONFÉDÉRATION PAYSANNE DU TARN

agriculteurs français partira à la retraite. Dans le département du Tarn, il n'en restera plus que 2 500. Partout en France, la courbe affiche la même tendance. Publiée en 2022, l'enquête décennale du ministère de l'Agriculture révèle que 100 000 exploitations ont disparu sur le sol français en dix ans. Si la surface agricole a peu bougé, la physionomie des fermes, elle, s'est transformée. Celles-ci sont devenues d'immenses structures où se pratique une agriculture intensive à grands renforts de tracteurs ultra sophistiqués. En parallèle, le prix du foncier a explosé. Dans le Tarn, il est passé en dix ans de 2 000 à 6 000 euros l'hectare. Ce à quoi il faut ajouter le prix des hangars, les machines… « *Quand on veut se lancer dans l'élevage, il faut aussi acheter le cheptel et la stabulation. C'est un investissement qui avoisine le million. Tout ça pour toucher un Smic… Le premier frein à la transmission est clairement financier* », rappelle Jean-Luc Hervé, grand bonhomme à la barbe poivre et sel qui porte depuis longtemps la voix de la Confédération paysanne dans le département, quand il ne s'occupe pas de ses vaches. « *Et quand la question du foncier est réglée, reste à franchir le second palier, le plus délicat, le facteur humain.* » Jean-Luc Hervé étouffe un rire gêné. « *Il y a souvent un fossé entre les manières de faire des cédants et des repreneurs.* » Que ceux-ci soient enfants d'agriculteurs ou néo-paysans.

Langue occitane et semences paysannes

Alain et Claudine ont d'abord dû se faire à l'idée qu'aucun de leurs enfants ne reprendrait la ferme. Ils l'ont vite vu. Rafistoler un enclos, semer, biner, nourrir les bêtes, faire le bois… ça passait encore le dimanche après-midi avant de retourner à l'école, mais y consacrer toute sa vie, aucun n'y a même songé. « *On s'était fait une raison. On se disait que l'un de nos apprentis reprendrait, que ce serait simple* », se souvient Alain, qui a accompagné jusqu'à cinq jeunes par an. Ceux qui venaient en stage dans le cadre de leur BPREA – brevet professionnel responsable d'entreprise agricole – pour apprendre les secrets de la culture du blé noir auprès du paysan, devenu l'un des spécialistes en la matière.

Lui avait commencé, comme ses voisins, à produire de la viande industrielle avant de passer en bio et de diversifier les activités en se lançant dans les farines alimentaires. Pendant ce temps, Claudine s'occupait du couchage et des repas pour que tout le monde se sente ici comme à la maison. Lui, le fils de garagistes nîmois, elle, une enfant du pays, issue d'une famille très modeste, discrète et besogneuse, le cœur sur la main, peu encline à hausser le ton sauf quand il s'agit de défendre aux côtés de son mari la langue occitane et les semences paysannes. Ils avaient réussi à façonner un endroit à eux, accueillant, usant de peu de technologies quand les voisins s'équipaient de nouvelles machines. Ils rêvaient de la ferme comme d'un lieu de résistance autant que d'un laboratoire où s'éprouverait une certaine idée de l'harmonie entre la terre et les hommes.

Céline grandit. Elle a une vingtaine d'années. Consacre son temps au MRJC, le Mouvement rural de jeunesse chrétienne, un réseau géré par des jeunes de 13 à 30 ans. Elle y trouve une caisse de résonance aux valeurs humanistes d'entraide, d'engagement, de militantisme qui l'ont toujours guidée. Un peu comme chez les scouts, elle organise des camps, des fêtes, des conférences. C'est lors de l'un de ces rassemblements que tout prend sens. Une rencontre sur les fermes pédagogiques. Céline a une vision : comment peut-on accepter que des enfants ignorent d'où vient le lait ? La terre devrait servir à reconnecter les mondes. Elle imagine alors reprendre l'exploitation de ses parents, en conserver la vocation agricole et y adjoindre l'accueil de familles, d'écoles, de jeunes en rupture… tous ceux que la vie a éloignés des champs. Mais qui pour les cultiver ? La jeune femme découvre la possibilité de monter un collectif. C'est décidé, elle va mener ce projet avec des éleveurs et des maraîchers qui exploiteront les hectares familiaux pendant qu'elle recevra le public.

L'autonomie alimentaire plutôt que la mission nourricière

Alain est heureux. Très proche de sa fille, il se projette déjà. Il a tellement de choses à enseigner, à transmettre. Céline diffuse une petite annonce sur des sites internet. Pas de réponse. Elle s'active, en parle autour d'elle, fait relayer la proposition. Mais « *tous les candidats pensaient d'abord à leur propre autonomie alimentaire plutôt qu'à monter une ferme dont la mission première serait de nourrir le territoire* », se souvient la jeune femme, assise dans une brasserie de Réalmont, la plus grande ville du coin, où vivent désormais ses parents. Elle est grande, large d'épaules et rasée sur la partie droite du crâne. Son regard est franc, assuré, comme sa voix. Elle porte un ample chemisier à fleurs mauves et, autour du cou une croix huguenote, cadeau de sa grand-mère, une femme « *courageuse et têtue* », sourit Céline. « *Un peu comme moi.* »

Une idée germe dans son esprit : une installation avec Sophie, l'une de ses amies, Marie, la compagne de Sophie, et Rémi (ce sont trois pseudonymes, ses compagnons souhaitant rester anonymes), le stagiaire d'Alain depuis 2017. Sophie est déjà maraîchère, Marie est musicienne classique et cherche à se reconvertir dans l'agriculture. Le projet d'installation des deux femmes dans les Alpes-Maritimes est tombé à l'eau, il leur faut un point de chute. Quand elles arrivent à la ferme, elles sont épuisées. Alain et Claudine mettent à leur disposition une cabane, et un bout de terre pour leurs six brebis.

Comment peut-on accepter que des enfants ignorent d'où vient le lait ? Pour Céline, la terre doit servir à reconnecter les mondes.

Les débuts sont laborieux. Il faut prendre ses marques, sur les lieux comme dans le collectif. Enchaîner le travail dans les champs et les réunions le soir pour réfléchir au bon modèle économique. Les vaches et les brebis entretiennent déjà les prairies, les cultures céréalières

STOPAL'A
69

Les débuts sont laborieux. Il faut enchaîner le travail dans les champs et les réunions pour réfléchir au modèle économique. Être au four, au moulin et derrière l'ordinateur.

fournissent la paille, quand méteil et son de blé nourrissent les animaux. Mais les nouveaux venus veulent aller plus loin : produire de la viande, de la farine, du fromage, des légumes, du pain, des pizzas, des biscuits… Et puis il y a le volet pédagogique et culturel à échafauder. Ils rêvent de concerts sous la grange. Il faudra envisager des travaux pour mettre les bâtiments aux normes de sécurité. Rencontrer la mairie et les services d'urbanisme du département, faire des dossiers et encore des dossiers. Être au four, au moulin et derrière l'ordinateur.

En 2021, les parents de Céline optent pour un bail emphytéotique : pendant quarante-cinq ans, leur fille et les trois paysans s'engagent à « *améliorer le lieu* » en échange d'un loyer modique. Facilitant grandement leur installation et la mise en œuvre de leur modèle économique. Alain et Claudine achètent une maison à restaurer à Réalmont. Le temps des travaux, ils cohabitent avec les repreneurs. Et, au bout de quelques semaines, l'ambiance se tend.

Des frictions naissent autour d'un arbre qu'il serait judicieux d'abattre, d'une machine qu'il serait bien d'utiliser, de céréales qu'il faudrait semer aux dates suggérées par Alain. Le propriétaire des lieux ronge son frein. Le vent d'autan fait grincer le toit du hangar, qu'est-ce qu'ils attendent pour changer les tôles ? Et les ronces qui étouffent les clôtures, quand comptent-ils les arracher ? Si seulement ils pouvaient lui faire confiance, mieux, le laisser faire. Cette ferme, ça fait quarante ans qu'il la pratique, il en connaît chaque racine. Laisser la main est un crève-cœur. « *Dès qu'il a compris que notre installation ne collerait pas à 100 % avec sa façon de voir les choses, selon le fonctionnement que lui-même avait mis en place, la situation s'est détériorée* », analyse aujourd'hui Marie, la musicienne, qui pour autant n'a jamais envisagé de renoncer. Parce qu'il y a Céline, qui rêve de sa ferme pédagogique. Ses parents ne vont quand même pas lui savonner la planche. Les choses finiront forcément par s'améliorer… Rémi, lui aussi, se brouille avec Alain en repensant l'organisation du troupeau de vaches. Même s'il admire l'éleveur et se sent redevable de lui avoir tant appris, il se range du côté des filles. Du collectif.

Qu'on soit cédant ou repreneur, tout se passe à la chambre d'agriculture d'Albi. Là, au premier étage d'un bâtiment de la rue des Agriculteurs – ça ne s'invente pas – officie Christine Vaysse. La conseillère, foulard noué autour du cou et sourire franc, enchaîne les rendez-vous, croise les dossiers et visite les exploitations en mal de repreneurs. Elle les photographie puis aide les vendeurs à rédiger la petite annonce qu'elle publiera en ligne. Pour trouver des issues à ces situations inextricables – les fermes à céder font en moyenne 120 hectares quand les candidats en veulent 20 –, Christine Vaysse est passée reine dans l'art de faire entrer des carrés dans des ronds. « *La bonne nouvelle c'est qu'on arrive au bout de la logique d'agrandissement, celle selon laquelle un paysan rachète automatiquement les terres de son voisin pour toucher plus de PAC* [politique agricole commune, ndlr], *puisque les aides sont calculées en fonction de la taille de l'exploitation. Aides qui représentent généralement deux tiers des revenus.»* Mais la conseillère se heurte là encore au facteur humain: *«La solution consiste à reprendre à plusieurs une ferme sous forme d'un collectif, de la compartimenter. Ça règle la question financière. Mais ça bloque du côté du cédant. Il a peur que le projet capote, que ses terres s'enfrichent. Dans certains cas, il a aussi peur pour sa réputation, que le voisinage se mette à mal parler de lui.»* Et, du bout des lèvres, elle le reconnaît: *«Transmettre à son voisin reste le plus confortable. En un coup de fil, c'est réglé, alors qu'installer un jeune peut prendre des années, le temps d'inventer un modèle qui rassure le cédant et soit rentable pour l'acquéreur.»*

Christine Vaysse dresse le bilan: d'après ses observations, elle sait que sur les cinq exploitations à vendre en 2022 dans le Tarn, la moitié sera abandonnée ou récupérée par des citadins en quête de week-ends au vert, à moins qu'elle soit transformée en pension équestre. *«C'est dramatique, car une ferme, ça veut dire des terres qui nourrissent un territoire, des écoles maintenues, des services publics... Sans ça, ce sont des paysages qui se ferment, des villages qui disparaissent et une autonomie alimentaire fragilisée.»*

Désormais, l'histoire s'écrit sans lui

Chez Alain et Claudine, l'édifice est suffisamment grand pour que le soir, personne ne se croise. En 2020, Céline emménage avec son petit frère, Cédric, charpentier, dans le gîte, tandis que les parents occupent toujours le corps de ferme. Entre son père qui s'accroche et ses amis qui ne lâchent rien, Céline est au bord de la crise de nerfs. Cédric fait ce qu'il peut pour la calmer. Un feu de bois, un jeu de dames et du reggae. Très fort, le reggae. La vérité, c'est que Céline, elle-même, peine à trouver sa place. Sous prétexte qu'elle a travaillé dans des bureaux, tout le monde en déduit qu'elle aime ça, la paperasse. À elle de remplir le dossier d'installation du collectif et celui de la transmission de ses parents. Une naissance et une mort à la fois. Elle préférerait n'avoir à penser qu'aux futures visites, aux enfants des écoles.

Tout déraille lorsque Alain refuse d'en signer un, justement, de document. Le plus symbolique: l'autorisation d'exploiter. Pour la première fois y figurent les noms de Céline, Sophie, Marie et Rémi à la place du sien. Et c'est insupportable de voir l'histoire s'écrire sans lui. Ça dure des semaines et la date limite approche. Un matin, Céline explose de colère. *«Je suis d'une nature réservée mais, là, c'était trop. Au lieu de signer, il parcourait la ferme en disant "je vais relancer ça ou ça..."»* Quant à sa mère, elle refuse de prendre parti sous prétexte qu'elle n'est pas propriétaire du lieu. *«Elle dénigrait au passage ses trente années en tant qu'agricultrice»*, se lamente Céline, très impliquée dans les questions de genre et de sexualité en milieu rural au sein du MRJC.

« Sans exploitations agricoles, les paysages se ferment, les villages disparaissent et l'autonomie alimentaire est fragilisée. »

CHRISTINE VAYSSE CONSEILLÈRE À LA CHAMBRE D'AGRICULTURE D'ALBI

Ce jour de juillet 2022, dans son salon, Alain porte un t-shirt qui dit: « *Les paysans, c'est capitale* », avec une tour Eiffel à la place d'un « *A* ». Tout son parcours vient de ce constat sur le rôle crucial des agriculteurs. Alain a grandi à Nîmes où sa famille, depuis deux générations, tenait un garage. On y réparait surtout des camions d'entreprise, on embauchait des pieds-noirs venus d'Algérie, l'ambiance était chaleureuse, le commerce florissant et l'avenir d'Alain tout tracé: il reprendrait l'affaire. Éclate Mai 68. Le jeune homme a 14 ans. Il en garde le souvenir d'après-midi passés avec son frère devant la télévision à regarder Paris se révolter. Les revendications de libertés résonnent en lui. Très vite il fait le lien: liberté et paysannerie. Liberté et alimentation. Liberté et moyens de production. Dans ses rêves, il voit une ferme et des brebis. Plein de brebis.

Le garage est liquidé. « *Le plus véhément a finalement été mon grand-père, paysan malgré lui pendant la Première Guerre mondiale au milieu de femmes autoritaires. Il avait la terre en horreur.* » Un diplôme de berger en poche, Alain investit dans des cartes routières et sillonne les routes de campagne entre Nîmes et Toulouse pour trouver une exploitation. Arrivé dans le Tarn, il tombe sous le charme de bâtiments idéalement situés dans le creux d'un vallon arboré avec des sources et des terres disponibles. Surtout, le cheptel est déjà constitué d'une centaine de brebis.

Agnelages, fenaisons… Alain a tout à apprendre et se lance dans la viande. Mais le 10 juillet 1985, à l'autre bout du monde, les services secrets français sabotent le *Rainbow Warrior,* navire de Greenpeace alors à quai en Nouvelle-Zélande. L'ONG devait se rendre sur l'atoll de Mururoa pour enquêter sur les essais nucléaires de la France. Scandale politique. La Nouvelle-Zélande demande réparation. La viande d'agneau servira de monnaie d'échange. Elle envahit le marché hexagonal. Alain est coulé. Son grand-père éponge ses dettes in extremis. La ferme est sauvée.

Alors ça lui fait d'autant plus mal que sa fille, celle qui a tenu à reprendre l'exploitation, celle dont il a accueilli les amies sans sourciller, lui interdise maintenant de revenir. Ce bail emphytéotique, voyant que l'installation ne collait pas à ses attentes, il n'en voulait plus. Il a cherché un moyen de rétropédaler face à Céline qui oscillait entre colère et pitié. « *C'était trop tard, le Gaec* [groupement agricole d'exploitation en commun, ndlr] *était créé avec les quatre repreneurs, et plus rien ne pouvait légalement nous arrêter* », se souvient Céline, encore peinée.

Voyant que l'installation du collectif ne collait pas à ses attentes, Alain n'a plus voulu du bail emphytéotique. Il a cherché à rétropédaler, mais « c'était trop tard ».

« L'impression de ne plus compter »

Dans un bureau voisin de celui de Christine Vaysse officie Chantal Tresserra, la responsable de l'Association tarnaise pour le développement de l'agriculture de groupe (Atag). Son outil à elle, c'est la parole.

Formée à la médiation, elle reçoit cédants et repreneurs pour qu'ils expriment leurs peurs, doutes, souhaits quant à l'avenir d'une exploitation. Chantal accompagne la famille de Claudine et Alain depuis le début du projet de reprise. Elle a même reçu les autres enfants du couple pour débusquer d'éventuelles jalousies. « *Le départ à la retraite d'un agriculteur soulève toujours des questions de patrimoine, et donc d'héritage, c'est l'un des éléments qui peut ralentir une transmission* », explique cette animatrice, passionnée et fine connaisseuse du territoire, en poste à l'Atag depuis 2005. Avec sa collègue, elles aident les uns et les autres à « *faire émerger les bonnes questions* ». Pour les cédants : que voulez-vous transmettre ? À quelle date comptez-vous déménager ? Pour les repreneurs : quel capital êtes-vous prêts à débourser ? Une fois les questions posées, les deux femmes s'effacent. Non par désintérêt, mais par manque de temps, tant les demandes d'accompagnement sont en constante augmentation. Le cas de Céline et Alain est une exception. Pour eux, le téléphone de Chantal est resté ouvert durant des mois, pour éponger les pleurs, rassurer, tenter d'insuffler un peu d'espoir.

Jusqu'à ce que, épuisée, elle prenne ses distances et oriente fille et parents vers un médiateur familial installé en ville. « *C'est étrange mais, depuis que ma retraite approche, je crois que je comprends mieux Alain et Claudine,* confie aujourd'hui Chantal. *On a l'impression de ne plus compter pour personne quand on arrête de travailler, de ne plus servir à rien. On se sent perdre en légitimité et on n'arrive pas pour autant à se projeter ailleurs. Surtout quand la date du départ est fluctuante.* »

« On aurait voulu être soutenus, nous aussi »

Pour Alain et Claudine, la date du départ est fixée au 30 juin 2021. Quelques semaines avant, cédants et repreneurs ont rendez-vous chez le notaire pour signer les derniers papiers. La rencontre se fait en visio tant la foudre menace. Alain signifie en préambule qu'on lui force la main, et lorsque le notaire rappelle une énième fois la date de son départ, le ton monte. « *Prenez une location, papa et maman, laissez-nous enfin tranquilles…* », soupire Céline, épuisée.

Le déménagement s'organise, les repreneurs croisent les regards accusateurs d'amis des parents venus prêter main forte. « *On aurait voulu être soutenus, nous aussi, mais personne ne venait nous voir, on se retrouvait seuls avec ce sentiment d'occuper une place qui n'était pas la nôtre* », se souvient Rémi.

La rencontre se fait en visio tant la foudre menace. Alain signifie qu'on lui force la main, et lorsque le notaire rappelle la date de son départ, le ton monte.

Quelques jours plus tard, Alain a besoin d'un camion pour évacuer des graviers de la nouvelle maison. Il roule vers la ferme pour emprunter celui qu'il y a laissé et qui n'est plus le sien. Ça tombe mal. Rémi en a besoin. Du matériel à aller chercher. Sophie arrive à ce moment. « *Qu'est-ce que tu fais encore là, Alain ?* » demande la paysanne, surprise.

Le bras se lève de colère. De justesse, Céline intervient. Lorsque Alain repart avec le camion, elle se précipite, furieuse, dans son bureau, prend une feuille blanche et avec les autres commence à écrire. Mise en demeure. Interdiction de revenir. Le soir même, le courrier est prêt. Céline n'est pas soulagée pour autant. Au contraire, elle s'écroule. Elle quitte la ferme, dort dans sa voiture. Pense tout abandonner. Trop de pressions. Trop de souffrances. Elle trouve refuge chez une amie en Ariège où elle passe ses journées à marcher, contemplant les Pyrénées, pleurant beaucoup. Au bout de deux semaines, elle reprend la route du Tarn. « *Il me fallait tenir pour moi, mon avenir, pour mes associés et pour mes parents, même si c'était contre leur gré.* »

« Quand un cédant veut, en plus des murs, transmettre un savoir-faire, des valeurs, voire des idées politiques, c'est là que ça dérape. »

CÉLINE LORS D'UNE ASSEMBLÉE GÉNÉRALE DE L'ATAG

Un steak-frites à Réalmont

Fin 2023. Deux années se sont écoulées. Alain et Claudine n'ont pas remis les pieds à la ferme. Céline leur a proposé de venir dîner « *chez elle* ». Ils ont refusé. Le collectif commence à prendre ses marques. Rémi remplit des colis de viande – il élève des Aubrac et des brunes des Alpes, réputées pour leur rusticité. Sophie fait du pain – c'est l'activité qui marche le mieux – et Marie du fromage de brebis – des sardes et des rouges du Roussillon. Céline accueille des classes et organise des goûters ouverts au public les vendredis après-midi. Quand une activité souffre, comme les cultures pendant la sécheresse de l'été 2022, les autres permettent de limiter les dégâts. Le rythme est intense : trois marchés et deux ventes à la ferme par semaine, sans compter les travaux, puisque l'équipe construit une fromagerie et un nouveau fournil. Ils parviennent depuis peu à se verser une rémunération. Ils ont trouvé leur équilibre.

Récemment, Céline a revu d'anciens collègues du MRJC à Taizé, en Saône-et-Loire. Elle dit avoir laissé la colère contre ses parents là-bas, dans cette communauté œcuménique. Avec sa mère, les relations s'améliorent lentement, grâce à la médiation familiale. Mais au-delà de l'apaisement, ce qu'elle voudrait, c'est épargner à des repreneurs ces années d'enfer. Alors, dès que l'occasion se présente, elle témoigne, comme ce jour-là, lors d'une assemblée générale de l'Atag : « *Un cédant est tenté de transmettre autre chose que des murs, des tracteurs et des animaux. Il veut transmettre un savoir-faire, des valeurs, voire des idées politiques, et c'est là que ça dérape. Ces choses-là, il doit les partager ailleurs, dans une autre ferme. Là où il n'y aura pas d'implication émotionnelle. Il doit aider d'autres jeunes.* »

Aujourd'hui, un nouveau combat attend le collectif : il est question de produire là 75 000 tonnes de bitume, pour la nouvelle autoroute Castres-Toulouse, l'A69. Une usine serait construite sur les terres d'un voisin agriculteur qui, proche de la retraite, est appâté par la somme promise par l'acquéreur. L'air, l'eau, la rivière, la terre pourraient être contaminés par les rejets atmosphériques des produits toxiques. Le terrain ne vaudrait plus rien. Alain, Céline et Rémi ont rallié un comité d'habitants opposés au projet.

À la faveur de cette lutte, les liens entre père et fille se sont adoucis. Il leur arrive de se retrouver autour d'un steak-frites à la brasserie de Réalmont. Pour parler de choses et d'autres sans évoquer la ferme. « *On est quatre nouveaux paysans à nourrir le territoire,* dit Céline. *C'est finalement ça qui compte, pour lui comme pour moi.* » XXI

Cas d'école

Je rencontre Céline en 2019 lors d'une formation sur les fermes pédagogiques, dispensée par la chambre d'agriculture du Tarn. J'habite alors une ferme non loin de chez elle. Je la vois se débattre pour obtenir la fameuse certification ERP (établissement recevant du public). Il faut penser au parking, aux normes incendie, au chemin d'accès pour les personnes à mobilité réduite… J'ignore alors qu'il s'agit d'une partie infime des difficultés que traverse Céline dans cette ferme qu'elle a reprise avec trois paysans.

Quand, deux ans plus tard, je commence à travailler sur le thème de la transmission dans le monde agricole, la chambre d'agriculture et l'Association pour le développement de l'emploi agricole et rural du Tarn – un autre organisme qui aide les jeunes paysans à s'installer – m'orientent vers l'exploitation de la famille de Céline, un *« cas d'école »* selon eux. J'ai déjà croisé ses parents. Ce couple en impose par son influence, son parcours. Sur le papier, la transmission aurait dû se passer tranquillement. Comment les choses ont-elles pu dérailler ? En parallèle, le chantier de l'autoroute 69 entre Castres et Toulouse avance malgré une opposition féroce. Une usine de bitume doit être construite près de la ferme, ce qui finit de me convaincre de m'intéresser à l'histoire de cette famille et de ce lieu. Elle illustre à bien des égards les problématiques du monde rural.

MARION TOUBOUL

« La cession d'une ferme est un tabou »

Dominique Lataste est psychosociologue, et formateur au sein d'Autrement dit, une structure qui accompagne agricultrices et agriculteurs, notamment dans leur parcours de transmission.

XXI Les fermes à transmettre sont souvent familiales et peu rentables. Pourquoi est-il si important d'assurer leur pérennité ?
Ces exploitations jouent un rôle central dans notre alimentation. Ce sont elles qui assurent la production de viande, de légumes, de fruits et de céréales de qualité. Sans elles, nous n'aurions pas des étals de marchés aussi riches et diversifiés qui font la renommée de la France. Elles maintiennent aussi la diversité des paysages et les entretiennent grâce à des élevages à taille humaine, un système de haies, de prairies. Elles représentent un attrait touristique également.

Comment expliquer les frictions entre cédants et repreneurs au moment de la transmission ?
Jusque dans les années 1970, on ne se posait pas la question de la transmission. Les enfants reprenaient l'affaire des parents. Désormais, le travail de la terre, peu rémunérateur, effraie. Les cédants doivent s'ouvrir à des candidats hors cadre familial. C'est un profond changement, et ceux qui partent n'y sont pas toujours psychologiquement préparés. Avant, si le fils gérait mal la ferme, c'était son problème, maintenant si un collectif de jeunes paysans gère mal la ferme, le cédant se sent responsable. Il se dit qu'il a mal choisi ses repreneurs, que sa réputation peut en pâtir.

Quels sont les autres freins à la transmission ?
La question de l'habitation est centrale. J'ai remarqué, en interrogeant les cédants, qu'elle pose problème dans 70 % des cas. Ils ne sont souvent pas prêts à la quitter. Il faut dire qu'on leur demande beaucoup. Je ne connais pas d'autre métier où l'on demande à l'artisan de se séparer de sa maison pour assurer la pérennité de son affaire.

Comment mieux accompagner les cédants ?
La cession est un tabou. On en parle beaucoup moins que de l'installation. On préfère miser sur l'avenir que de s'intéresser au passé. C'est beaucoup plus sexy. Il faudrait pourtant commencer par regarder en face les problèmes de ceux qui partent, les décrire, les nommer afin d'obtenir davantage de moyens pour les accompagner.

PROPOS RECUEILLIS PAR M. T.

Depuis le début du chantier de construction de l'A69 en mars 2023, les manifestations se multiplient (ici en octobre à Saix).

PATRICIA HUCHOT-BOISSIER/ABC/ANDIA.FR

Terres englouties

Cent quatre-vingts exploitations disparaissent chaque semaine, selon le dernier recensement agricole de 2020. Une tendance qui, avec le départ massif des agriculteurs à la retraite, va s'accélérer. Au total, 20 % des terres agricoles françaises devraient changer de main d'ici à 2030, estime la fédération Terre de Liens, qui aide à l'installation de jeunes paysans en rachetant des fermes. Le prix à l'hectare, en augmentation, et les facteurs psychologiques qui complexifient les transmissions ne sont pas les seuls freins à l'installation. Entre 1982 et 2018, le nombre d'espaces artificialisés a bondi de 72 % en France métropolitaine, passant de 2,9 à 5 millions d'hectares. Ronds-points, lotissements, voies de contournement, autoroutes, parkings… Les terres agricoles sont rattrapées par l'étalement urbain. Le risque est de voir s'accélérer la perte en biodiversité, s'amplifier les inondations dues à la bétonisation, ainsi que le réchauffement climatique. La France s'est dotée d'un objectif « zéro artificialisation nette » (ZAN) à l'horizon 2050 – une réduction progressive par tranche de dix années des surfaces artificialisées. Mais d'autres menaces planent sur les terres agricoles, comme l'installation de panneaux solaires dans les champs, qui fait perdre aux cultures de leur attractivité. Les terres sont également de plus en plus concentrées dans les mains de groupes industriels. Dans l'Indre, par exemple, un consortium chinois est parvenu en 2016 à racheter 1700 hectares. Au sud d'Orléans, Fleury Michon possède un élevage où naissent 6 000 porcelets par an. Même chose en Bretagne où le groupe Altho, qui produit les chips Brets, a englouti au fil du temps quatre fermes. M. T.

À lire, à écouter, à voir

Hold-up sur la terre
de Lucile Leclair
éd. Le Seuil, 2022
Journaliste pour Reporterre, Lucile Leclair a enquêté à travers la France sur l'accaparement des terres pour expliquer comment de grandes entreprises, principalement dans le secteur agroalimentaire, rachètent les sols par centaines d'hectares et prolétarisent les paysans.

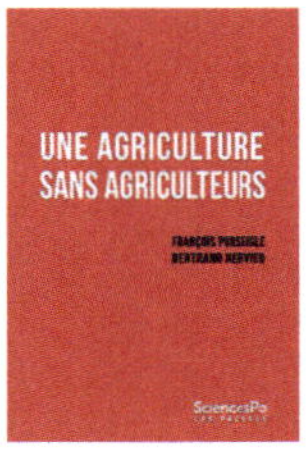

Une agriculture sans agriculteurs
de François Purseigle et Bertrand Hervieu
éd. Les Presses de Sciences Po, 2022
Les deux sociologues dressent le portrait du monde agricole en France, où cohabitent des exploitations familiales en forte recomposition et des propriétés qui s'apparentent à de grandes entreprises, financières et marchandes, « sans agriculteurs ».

Passer la main
documentaire
de Bernard Mangiante, 2021
Le réalisateur retrouve un ami d'enfance qui rêvait d'être paysan. Louis a racheté des terres près de Rodez. Trente-six ans après, il est l'heure de passer la main. Comment se détacher de l'œuvre d'une vie ?

Transmettre, l'affaire de toutes et tous
série de podcasts de Clémence Culic et Addear 42, 2022 (sur Soundcloud)
Cette enquête radiophonique, proposée par l'Association départementale pour le développement de l'emploi agricole et rural de la Loire, aborde en quatre épisodes toutes les questions liées à la transmission : que faire de la maison d'habitation au moment du départ du cédant ? Comment accepter l'arrivée de jeunes paysans ? Quelle place pour la transmission des valeurs ?

Gangs of papys

DANS LES ANNÉES 1970, BRAQUAGES ET ATTAQUES DE FOURGONS SONT DEVENUS LA SIGNATURE DES VOYOUS DE LA BANLIEUE SUD DE PARIS. À 78 ANS, L'ARMURIER DE LA BANDE RACONTE UN ÂGE D'OR DU BANDITISME FRANÇAIS, ET CONSPUE LA NOUVELLE GÉNÉRATION *« QUI NE RESPECTE RIEN »*.

Textes Brendan Kemmet — Dessins Rica

Les armes, ça m'a toujours passionné.
"L'armurier de la banlieue sud". C'est comme ça qu'on m'appelait.
J'ai eu mon nom dans le journal. Ma femme cachait les exemplaires à son travail.
Ma spécialité, c'étaient les pistolets et les fusils-mitrailleurs.
Jean-Marie Secrettand, 78 ans, dans son pavillon de Vitry-sur-Seine, au sud de Paris.
Je les modifiais pour les rendre opérationnels, quand ils étaient démilitarisés*.
Je les bichonnais pour les revendre aux braqueurs du secteur.
C'était une véritable passion.
* Neutralisés pour être collectionnés, par exemple, ndlr.
Mais on m'a tout saisi. Maintenant j'ai plus rien.
De toute façon, aujourd'hui, je suis à la retraite!

Ils avaient grandi dans les pavillons ouvriers et les cités du Val-de-Marne, le long de l'ancienne nationale 7, dans ce "triangle des Bermudes", comme la police appelle encore le secteur Ivry-Vitry-Villejuif, au cœur de l'ancienne ceinture rouge. C'est là qu'une génération de nouveaux truands a éclos, dans les années 1970.

Ces aînés, la presse les avait surnommés le "Gang de la banlieue sud", ou "BS". On parlait aussi des "Siciliens", d'après le film de Verneuil, qu'une guerre avait opposés aux frères Zemour, immortalisés de leur côté dans "Le Grand Pardon", avec Roger Hanin.

Faut dire que les braquages, c'était un jeu d'enfant.
Il y en avait trente par jour en région parisienne quand j'ai commencé…
Si les condés n'avaient pas de touche, ils laissaient tomber très vite…
Un jour, on a eu un tuyau pour un mandataire de Rungis qui déposait de l'argent liquide à la banque en face.
À cause de ça, j'ai pris sept ans en 1972.
Un gars avait cru malin de prendre une titine.
Un pistolet-mitrailleur, je veux dire.
Dis, t'es pas envoyé par la BRB, au moins ?

"Christian" - c'est un pseudo - est flic. Il a longtemps été membre de la Brigade de répression du banditisme (BRB) de la PJ parisienne.
La BS, c'était un noyau dur de trente à cinquante membres, une bande informelle de copains, avec des satellites, ce que nous, on appelle des "équipes à tiroirs", qui se forment au gré des disponibilités.
Ils ont d'abord écumé les succursales des banques en banlieue.
Ils ont fait des centaines de hold-up.
Ça tirait dans tous les sens.
CHEZ PIERRE
HAVEC
Fin 1976, ils ont attaqué des convoyeurs en plein Paris, rue des Mathurins, à la sortie de la banque Worms, près de l'Opéra. Fusillade nourrie au pistolet-mitrailleur. Trois blessés dont un passant.
À Arcueil, une balle a traversé le képi d'un policier.
PAN!
C'étaient des chiens fous, amateurs de courses-poursuites, comme quand ils ont mitraillé la Mercedes de Claude François sur l'autoroute.
Pour rigoler, apparemment.
Neuf balles se sont abattues dans la carrosserie, la lunette arrière, et un pneu.
"Ils ne savaient pas que c'était lui, confie aujourd'hui un ancien de la Banlieue sud. Ils étaient bourrés."

Mais jamais Secrettand n'a été inquiété.

Ce n'est que quelques années plus tard qu'"un important stock d'armes" est découvert lors d'une perquisition dans un box à Ivry. Un "trafic d'armes destinées au Milieu", comprend la presse. Jean-Marie Secrettand est soupçonné de les avoir fournies.

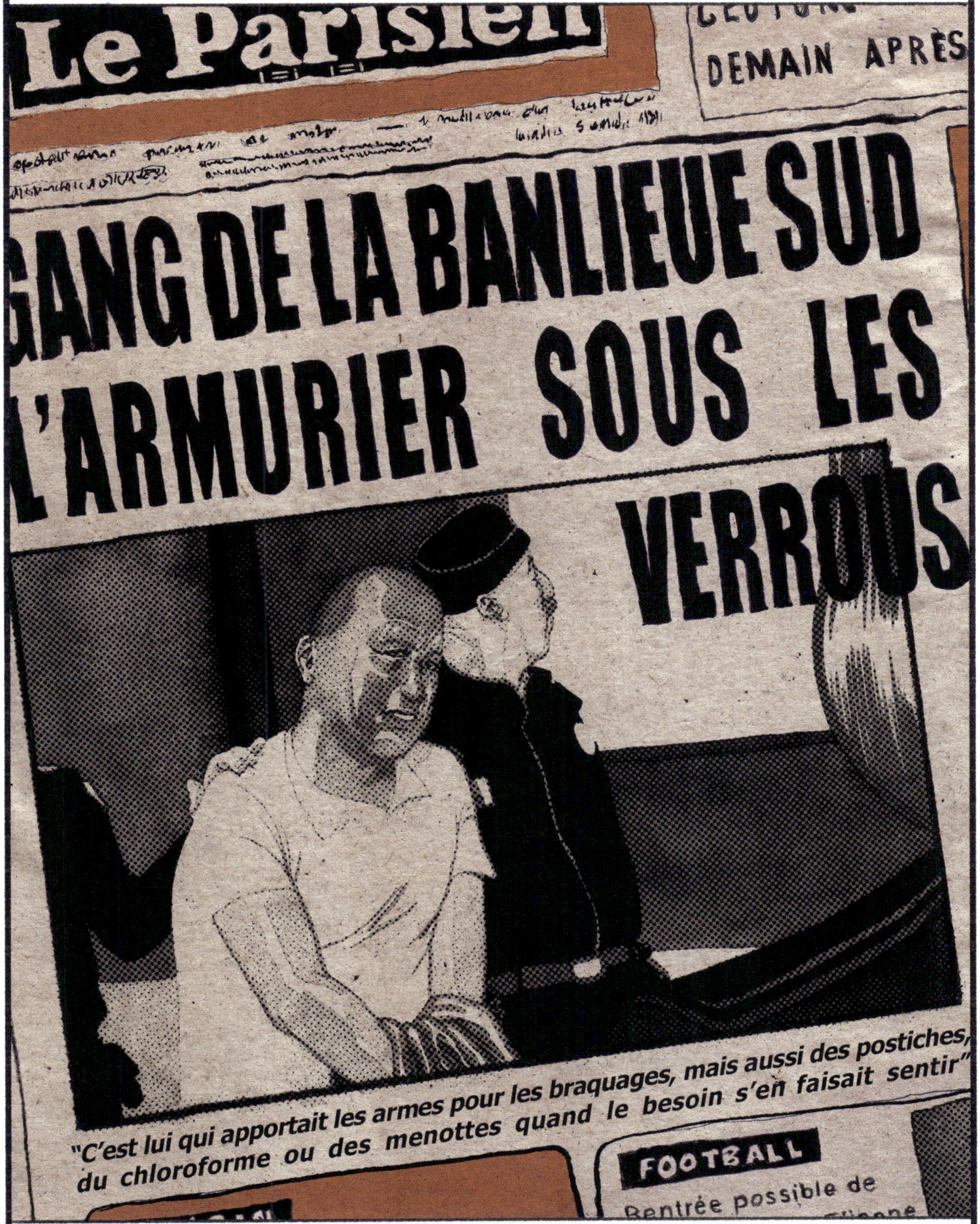

Chez lui, la police saisit des voitures volées, des faux papiers, "des caisses remplies de Colt 45, des centaines de cartouches et tout le matériel pour remettre en état de fonctionner des armes de guerre... À proximité, plus d'un kilo de dynamite", mais aussi de la nitroglycérine, deux mètres de mèche, un pistolet-stylo, 5 000 cartouches et, chez un ami, un fusil d'assaut.

C'était un passionné d'armes, un expert! Il travaillait à l'ancienne, dans son pavillon… Un armurier à domicile. Secrettand, c'était Manufrance*, il avait presque un catalogue!
*Célèbre armurerie française, ndlr.
Trouver des armes, c'est compliqué, de tout temps, encore maintenant, malgré tout ce que l'on dit sur les cités.
Les armes, c'est pas des Kleenex, tu ne les jettes pas après usage!
Dans ces années-là, il y avait encore des Walther PPK, des pistolets automatiques allemands de la dernière guerre! Des Thompson "Camembert" époque Prohibition, des choses antiques! Certains tapaient encore des banques avec des vieux Browning au début des années 1990.
Après chaque conflit armé, on retrouve quantité d'armes sur le marché parallèle, faut le savoir.
De nos jours, on est passés aux yougoslaves, russes, et israéliennes, avec les Uzi et les Mini Uzi. Ce sera pareil avec l'Ukraine. Secrettand aussi s'y est mis.
On s'est rendu compte au fil du temps que Secrettand les démontait, changeait des pièces, montait le barillet de l'une avec le canon de l'autre!
Il les réassemblait. C'est comme une bagnole, tu peux changer le moteur, la boîte de vitesses…
Il a fait ça toute sa vie!

Chez mes grands-parents il y avait les sabres de mon grand-père de la guerre de 1914-1918.
A Belfort, quand j'étais gamin, on jouait dans d'anciennes casemates. On trouvait des baïonnettes.
Pourtant, je suis de bonne famille...
Mon père était fonctionnaire. Il s'occupait des dommages de guerre.
Mes frères sont devenus professeurs. Moi, je suis dyslexique, mais j'ai toujours eu la passion de la mécanique.
Je voulais faire de la mécanique auto, mais ma mère ne voulait pas.
Elle disait que c'était trop salissant. Alors j'ai fait électromécanique.
Je me suis installé à Villejuif au début des années 1970, je cherchais un local pour mon matériel et j'ai trouvé un box.
Après, j'ai connu des gens. Des "youvs*". C'est comme ça que je suis entré dans la délinquance.
* Des voyous, ndlr.
Après les banques, la BS s'est intéressée aux fourgons blindés, ces tirelires ambulantes gavées de billets.
Il y avait moins d'argent dans les agences, qui étaient mieux protégées... ça devenait trop risqué.
C'est Horne qui a été le père spirituel des affaires de fourgons.
Joseph Horne, né à Paris en 1943, est un cousin de Kiki Piat, du premier gang de la BS. Jo "La Galoche", cerveau de la bande. À moitié manouche, il a grandi dans une baraque en bois misérable à Vitry.
Jo a été arrêté après une fusillade dans un restaurant dans l'Essonne en 1977, suite au mitraillage de Claude François. Un commissaire dînait avec son chauffeur à la table voisine. Il y a eu une bagarre. Seul Cheval a pu s'enfuir.
C'est Horne qui a planifié les évasions de ses amis, comme celle de Milo Dieudonné, du palais de justice de Meaux en 1982, avec Jean-Claude Bonnal, dit "le Chinois".
Jo Horne est mort en 1986 d'une cirrhose. Mais le goût pour les fourgons a perduré.

Résultat, en région parisienne dans les années 1990-2000, nombre d'attaques portent encore la marque de la BS. Comme l'affaire de Gentilly.

26 décembre 2000, un fourgon de la Brink's est attaqué à la sortie d'un centre-fort dans le 94, en bordure du périph'. Une dizaine de braqueurs encagoulés façon commando avec des kalachnikovs, bloquent le blindé : des cales en acier sous les roues, un camion de déménagement à l'avant et une Jeep à l'arrière. Tirs de dissuasion. Puis de l'explosif sur le côté du fourgon, de manière à ouvrir le blindage à l'arrière et sortir des sacs de billets. Il y en a pour 41 millions de francs (8,7 millions d'euros). Les gangsters s'échappent après une fusillade avec une patrouille de police.

Le lendemain matin, la BRI et la BRB pénètrent dans un pavillon de l'Essonne.
C'était la caverne d'Ali Baba, ou plutôt des quarante voleurs.
Il y avait de quoi faire sauter tout le quartier : 400 kilos de matériel.
En trente ans de PJ, je n'avais jamais vu un arsenal pareil.
Les munitions étaient rechargées de façon artisanale.
Secrettand derrière les armes de Gentilly ?
C'est très possible ! C'est lui le fournisseur quasi exclusif de la BS, l'incontournable.

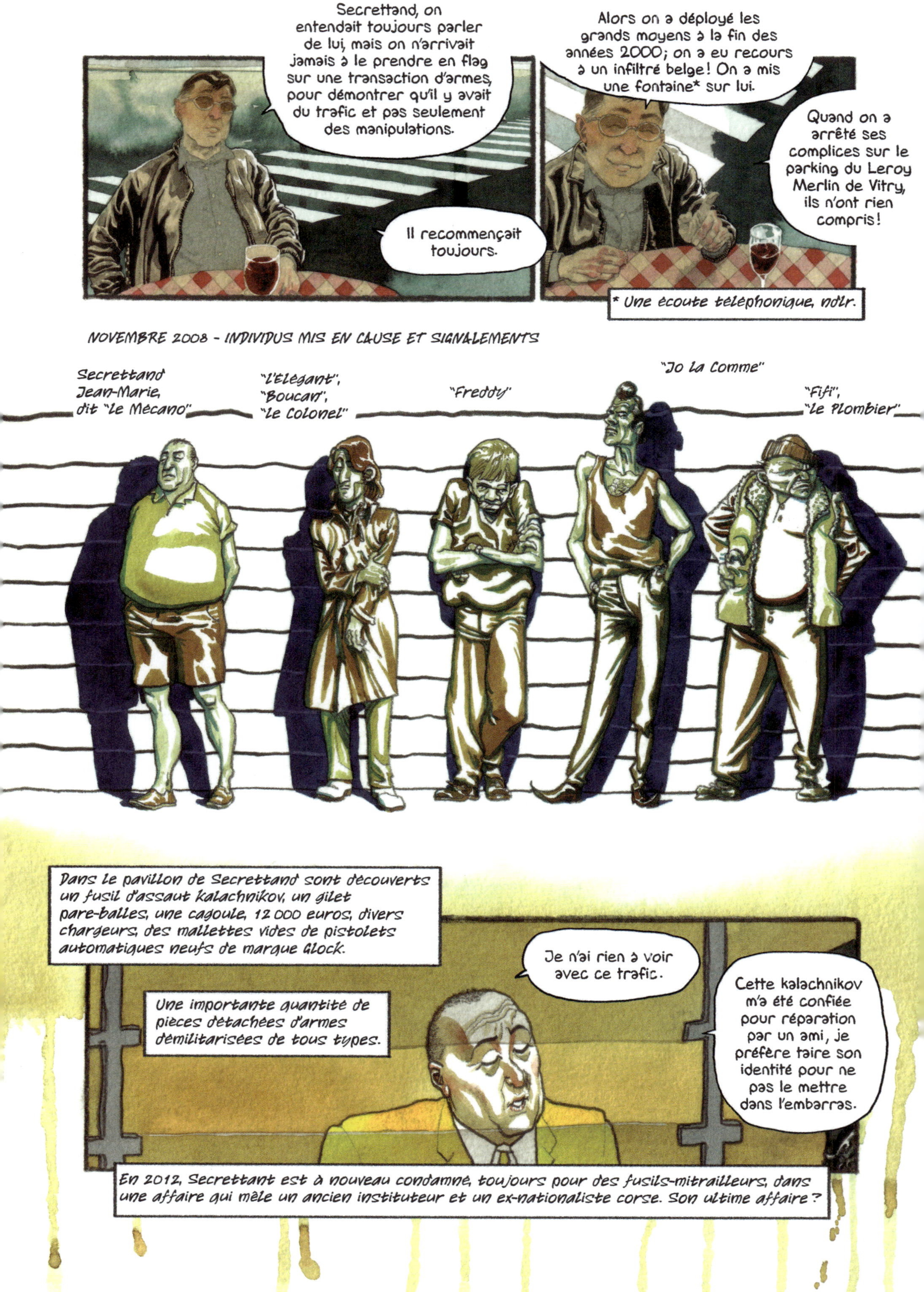
Secrettand, on entendait toujours parler de lui, mais on n'arrivait jamais à le prendre en flag sur une transaction d'armes, pour démontrer qu'il y avait du trafic et pas seulement des manipulations.
Il recommençait toujours.
Alors on a déployé les grands moyens à la fin des années 2000; on a eu recours à un infiltré belge! On a mis une fontaine* sur lui.
Quand on a arrêté ses complices sur le parking du Leroy Merlin de Vitry, ils n'ont rien compris!
* Une écoute téléphonique, ndlr.
NOVEMBRE 2008 - INDIVIDUS MIS EN CAUSE ET SIGNALEMENTS
Secrettand Jean-Marie, dit "Le Mécano"
"L'Élégant", "Boucan", "Le Colonel"
"Freddy"
"Jo la Comme"
"Fifi", "Le Plombier"
Dans le pavillon de Secrettand sont découverts un fusil d'assaut kalachnikov, un gilet pare-balles, une cagoule, 12 000 euros, divers chargeurs, des mallettes vides de pistolets automatiques neufs de marque Glock.
Une importante quantité de pièces détachées d'armes démilitarisées de tous types.
Je n'ai rien à voir avec ce trafic.
Cette kalachnikov m'a été confiée pour réparation par un ami, je préfère taire son identité pour ne pas le mettre dans l'embarras.
En 2012, Secrettant est à nouveau condamné, toujours pour des fusils-mitrailleurs, dans une affaire qui mêle un ancien instituteur et un ex-nationaliste corse. Son ultime affaire ?

Les plus malins se sont reconvertis, comme le "Gros Denis" et son entreprise de peinture...

D'ailleurs en juin 2022, près de Béziers, il y a eu beaucoup de monde pour lui...

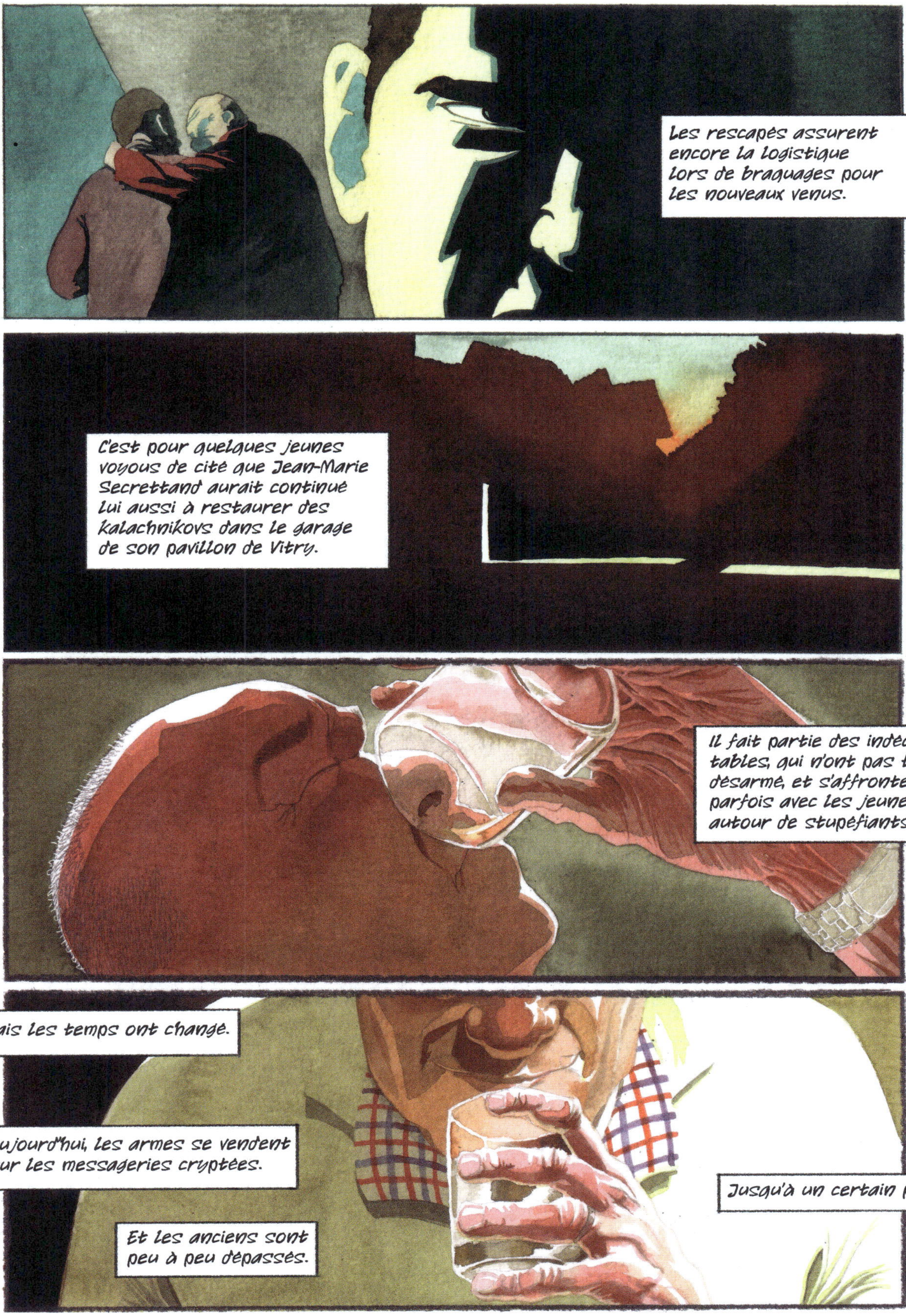
Les rescapés assurent encore la logistique lors de braquages pour les nouveaux venus.
C'est pour quelques jeunes voyous de cité que Jean-Marie Secrettand aurait continué lui aussi à restaurer des kalachnikovs dans le garage de son pavillon de Vitry.
Il fait partie des indécrottables, qui n'ont pas tous désarmé, et s'affrontent parfois avec les jeunes, autour de stupéfiants.
Mais les temps ont changé.
Aujourd'hui, les armes se vendent sur les messageries cryptées.
Et les anciens sont peu à peu dépassés.
Jusqu'à un certain point.

Secrettand est en libération conditionnelle depuis avril 2018 quand, début 2022, les gendarmes recueillent un renseignement sur un trafic d'armes. Des vidéos montrent un "homme âgé" dans un garage manipulant des armes, avec des gants en latex.

Secrettand est placé sur écoute. Il téléphone régulièrement à des armureries et s'active sur des sites internet spécialisés pour se faire livrer de nombreux colis chez lui : pièces et accessoires, pour Colt 45, Walther P38, Browning GP35, Smith & Wesson, Famas, Uzi, et pour la fabrication de cartouches.

Une "activité occulte" est démontrée : des versements en espèces sont "réguliers" sur son compte bancaire, entre 200 et 1 000 euros. La PJ le place sous surveillance et assiste à des "rendez-vous conspiratifs" dans son pavillon et dans le garage automobile d'un contact régulier, un jeune homme.

Nouvelle perquisition le 24 octobre 2022, chez Secrettand.

POUDRE NOIRE
TOP SHOT
.22LR
Les démineurs doivent intervenir suite à la découverte de grenades.

* Adapter le silencieux au canon, ndlr.

Votre expertise psychiatrique parle d'une "passion mal maîtrisée".
Je m'aperçois que c'est pas une passion, c'est un démon! Mais cette fois j'arrête. Je ne veux même plus garder une vis!
Je vais continuer la collection de timbres de mon père!
Il faut vous assurer que, même dans votre garage, il n'y ait plus rien.
C'est un peu fort de café qu'il vienne vous dire aujourd'hui qu'il n'a jamais fabriqué d'armes de guerre. Il a l'art de modifier les canons. Je ne peux que l'encourager dans sa décision de se consacrer aux timbres. C'est moins dangereux!
La procureure réclame trois ans de prison ferme contre l'armurier.
M. Secrettand, c'est comme un joueur de casino. Il est conscient que ça lui apporte des problèmes plus qu'autre chose, mais il ne peut pas se réfréner.
Le tribunal judiciaire de Créteil reconnaît Secrettand coupable, sans le renvoyer en prison. "Le Mécano" est condamné à un an avec sursis, assorti d'un aménagement à déterminer avec le juge d'application des peines.
Si vous êtes chopé pour n'importe quoi d'autre, personne n'hésitera à vous faire exécuter le sursis.
Jean-Marie Secrettand a été libéré le soir même de la prison de la Santé.
Ses amis l'attendaient à la sortie.

Des bars fréquentés par les anciens

Dans la bouche des flics, le gang de la banlieue sud (la « BS ») désignait une entité quasiment mythique aux contours un peu flous, lorsque j'ai débuté dans le journalisme à la fin des années 1990. Des *« beaux voyous »* endurcis et violents que l'on retrouvait régulièrement sur les *« grosses affaires »* de banditisme du moment. Petit à petit, j'ai découvert ce milieu, de la fracassante attaque de deux fourgons de la Brink's à Gentilly fin 2000, à la spirale sanglante du « Chinois », tueur de policiers et d'une famille de buralistes. Mon passage au *Parisien,* édition du Val-de-Marne, et la fréquentation assidue des tribunaux m'ont permis de rencontrer certains protagonistes et de récolter des dizaines d'anecdotes s'étalant sur près d'un demi-siècle. De contact en contact, j'ai atterri au cœur du réacteur, dans certains bars fréquentés par les anciens de la BS. Faire parler ces vétérans n'est pas simple. Certains refusent, d'autres acceptent, progressivement. Question de confiance. L'un m'a même reçu chez lui, dans son salon, à l'heure de l'apéritif. Alors il faut savoir écouter sans être trop curieux. Ils ont conscience d'appartenir à un monde qui disparaît. Beaucoup sont morts, souvent victimes de querelles intestines. *« Les stups ont tout pourri »*, dit l'un d'entre eux. L'affrontement avec la nouvelle génération, celle des *« cités »*, apparaît inévitable. Des jeunes qui *« ne respectent rien »*, selon leurs aînés dans la délinquance. L'ironie c'est qu'à leurs débuts, ceux qui sont aujourd'hui des vétérans étaient décrits comme des chiens fous dans le milieu. **BRENDAN KEMMET**

« Le braquage, c'est la pelote basque de la banlieue sud ! »

Marwan Mohammed, sociologue au CNRS, auteur de *Y a embrouille, Sociologie des rivalités de quartier* (éd. Stock, 2023), raconte comment et pourquoi certains types de délinquance s'ancrent sur des territoires précis.

XXI Comment expliquer cette spécialisation délinquante en banlieue sud parisienne ?

Chaque quartier a son histoire, son économie morale, son système de normes. Chaque quartier possède aussi ce qu'on appelle en sociologie une structure des opportunités, à la fois légales et illicites. Cela fait des décennies qu'on associe la banlieue sud au braquage, comme on a associé les stupéfiants à Gennevilliers ou Nanterre : c'est une activité illégale spécifique qui a pu s'institutionnaliser. Cela se traduit par l'ancrage de savoir-faire qui sont transmis, valorisés et ainsi pérennisés. Bien plus que leur médiatisation, l'histoire orale, les discussions dans les cafés, la vie informelle jouent un rôle extrêmement important dans la transmission intergénérationnelle de ce type d'activité et des compétences qu'elle requiert. Les jeunes qui se lancent trouvent vite des mentors, des tuteurs, des ressources. Il y a quelques années, pour les apprentis braqueurs, grandir à Vitry ou Villejuif, c'était un peu comme grandir dans la Silicon Valley pour un apprenti informaticien. Auparavant c'étaient des gangs du 13e arrondissement, ou d'autres quartiers parisiens, qui braquaient : ces territoires ont en commun une culture un peu marginale, liée à une grande pauvreté et des brassages de populations.

C'est du mimétisme ?

À un moment donné, le braquage a pu devenir la pelote basque de la banlieue sud. C'est-à-dire une activité enseignée et valorisée d'abord par la rue, dans un certain nombre de familles. Ensuite, le journalisme, le cinéma, la littérature, la musique ont figé les choses en en faisant une pratique sociale romantisée, sensationalisée, héroïsée... Et même si aujourd'hui c'est un marché illicite en déclin – il y a beaucoup moins de braquages d'établissements financiers –, le mythe perdure.

Pourquoi le braquage ?

Ce domaine de la criminalité, souvent présenté comme le plus *« noble »*, jouit d'un statut particulier en France. D'abord parce qu'il charrie tout un imaginaire de courage et de bravoure, en raison des prises de risque très élevées, de l'usage des armes et de l'organisation méticuleuse nécessitée. Il y a aussi une dimension *« Robin des bois »*, dès lors que les cibles sont associées à la richesse, à la finance ou au luxe : *« les pauvres prennent l'argent des riches »*. Dans la hiérarchie des prestiges parmi les délinquants, les trafiquants, qui sont des commerçants, ont un statut inférieur. Aux États-Unis, j'ai constaté que c'était moins marqué. Pays du business, ultralibéral, le vol y est moins valorisé que l'entrepreneuriat dans le trafic illicite. En France, les braqueurs que j'ai rencontrés aiment se distinguer des autres, s'inscrivent dans un espace assez élitiste, où les membres se cooptent, se démarquent par une certaine posture corporelle, une manière de penser, de se positionner. D'autant que localement, sans parler du prestige conféré par les médias, ils accèdent à une vraie reconnaissance.

PROPOS RECUEILLIS PAR B. K.

Des armes lourdes en « cadeau Bonux »

« Un calibre, c'est comme un peigne, ça ne se prête pas beaucoup. » La formule vient d'un célèbre avocat pénaliste lors d'un procès devant la cour d'assises de Créteil. C'était il y a près de vingt ans et Éric Dupond-Moretti, qui ne s'était pas encore lancé en politique, défendait un homme soupçonné de braquage. Une des armes utilisées, une kalachnikov, avait également servi à plusieurs règlements de comptes dans le milieu du grand banditisme. À l'époque, il ne semblait pas si simple de s'en procurer. La preuve, on ne la jetait pas, une fois son forfait accompli. Les premières kalach' étaient apparues en 1996, utilisées contre un avion sur le tarmac de l'aéroport de Perpignan. Les enquêteurs avaient été étonnés de découvrir des douilles avec des inscriptions en cyrillique. De nos jours, des fusils-mitrailleurs sont utilisés presque toutes les semaines, à Marseille, Cavaillon, Montpellier, Valence, etc. *« Ces armes sont arrivées dans les cités par le biais du trafic de drogue, souvent en "cadeau Bonux" lors de l'achat de gros stocks,* décrypte un policier spécialisé. *Les trafiquants les utilisent pour défendre des points de deal ou lors d'expéditions punitives contre leurs rivaux. Le problème c'est qu'un chargeur de kalach', c'est trente à quarante cartouches, parfois plus, donc rien à voir avec les fusillades d'antan entre voyous, au revolver. Aujourd'hui, ce sont souvent des jeunes tireurs qui les utilisent sans savoir vraiment manier ces armes redoutables qui ont une portée de plus d'un kilomètre. »* C'est ainsi que des victimes « collatérales » sont touchées et perdent la vie, comme à Marseille au printemps 2023, un sexagénaire qui jouait aux cartes dans un bar, ou sur un parking, une mère de famille, tuée dans sa voiture. **B. K.**

À lire, à écouter, à voir

Banlieue sud
de Michel Lepage
éd. Grasset, 2011
À l'issue d'une carrière délinquante bien remplie, celui qu'on surnommait King Kong pour sa force physique, se raconte sans complaisance, depuis son enfance à Ivry-sur-Seine (Val-de-Marne) – des chapardages aux coups plus élaborés – jusqu'en prison. Des choix de vie payés très chers.

Mémoires
du commissaire Broussard
éd. Plon, 1998
Le tombeur de Mesrine revient sur les années de plomb de la police judiciaire parisienne dans les années 1970, à la tête de la brigade de recherche et d'intervention, quand braquages et fusillades étaient quotidiens et des équipes de voyous démantelées à la dizaine, dont celle de la banlieue sud.

Max et les ferrailleurs
film de Claude Sautet, 1971
Max, inspecteur de police retors, veut faire tomber des petits malfrats de banlieue et n'hésite pas à les pousser au braquage. Certaines scènes ont été tournées au carrefour Pompadour, entre Créteil et Choisy-le-Roi.

Sylvia, fille de gangster
podcast de Michel Pomarède
France Culture, 2015
Entre cavales et parloirs, Sylvia raconte Bébert, son père, spécialiste du chalumeau au sein du gang de la banlieue sud.

L'institution policière est tiraillée par des débats profonds

DEPUIS VINGT ANS, LE SOCIOLOGUE **CÉDRIC MOREAU DE BELLAING** QUESTIONNE LE RÔLE DE LA POLICE, DANS LA SOCIÉTÉ ET À L'AUNE DES CRISES RÉCENTES – ZAD, GILETS JAUNES, ÉMEUTES. SON CONSTAT : LES JEUNES RECRUES N'ONT PAS LE MÊME RAPPORT À LA VIOLENCE ET À L'AUTORITÉ QUE LEURS AÎNÉS.

Propos recueillis par Ramsès Kefi
Illustration Olivier Dangla

Cédric Moreau de Bellaing a exploité une brèche rare. C'était au tout début des années 2000. L'Inspection générale de la police nationale (IGPN), si discrète, voire secrète, lui a ouvert ses portes. À l'époque, le sociologue prépare sa thèse sur celle que l'on appelle communément *« la police des polices »*, mythifiée par le cinéma. L'IGPN enquête sur les déviances de ses agents, des violences à la corruption. En interne, elle est perçue comme le Père Fouettard, en décalage avec le boulot de terrain. À l'extérieur, elle est accusée, par des militants, de couvrir les dérapages des forces de l'ordre. L'universitaire recueille des situations et des témoignages dont il a fait un ouvrage, *Force publique, Une sociologie de l'institution policière,* paru en 2015. Un livre référence, qui éclaire sur l'intimité d'une institution aussi complexe que fragmentée – des services ont des allures de principautés. Il continue aujourd'hui ses recherches sur cette police dont il questionne le rôle dans la société et les évolutions face aux différentes tensions politiques – les ZAD, les Gilets jaunes ou encore les émeutes dans les quartiers populaires. Et prépare son prochain livre sur la crise du maintien de l'ordre. Au cours d'un tête-à-tête de deux heures, de part et d'autre d'une grande table, Cédric Moreau de Bellaing, maître de conférences à l'École normale supérieure, a déroulé une réflexion complexe et non manichéenne sur l'institution décriée.

XXI Médiatiquement, les violences policières ressemblent à un jour sans fin. Des affaires similaires conduisent aux mêmes effets et aux mêmes polémiques. Le débat public est-il dans une impasse ?

Une impasse, je ne crois pas. Je vous l'accorde, des similitudes entre les morts survenues après une intervention policière peuvent nourrir un sentiment de répétition. Les défenseurs de l'institution répondent à ceux qui la critiquent avec des arguments qui nous semblent désormais familiers. Pour autant, ces morts ne suscitent pas la même réaction dans la société qu'il y a vingt ans. Les violences policières sont désormais un problème public, qui n'est plus l'apanage des cercles militants à l'extrême gauche de l'échiquier politique. Depuis dix ans, les rapports parlementaires sur la question de l'action de police se multiplient. La terminologie a évolué : le terme *« bavure »* est tombé en désuétude car il individualisait à l'excès l'action violente et empêchait une réflexion systémique. En parallèle, les mobilisations de la société civile se diversifient, que ce soient les familles des morts, les associations ou les défenseurs des droits de l'homme. D'ailleurs, ces mobilisations s'ancrent durablement dans le temps médiatique, à l'image de celles suscitées récemment par la mort de Nahel Merzouk – un mineur de 17 ans abattu à un feu rouge par un policier, suite à un refus d'obtempérer.

La police est-elle réellement prête à débattre de ses méthodes sur le terrain ?

Quand une affaire de violences policières – au sens d'usage illégitime de la violence – surgit, l'institution tend à faire corps face à ce que ses représentants perçoivent comme *« l'adversité »*. Pour autant, cela ne signifie pas que l'institution policière n'est pas tiraillée par des débats profonds. Elle est pétrie de tensions et de critiques à l'endroit de la hiérarchie, des conditions de travail, des objectifs assignés, des responsables politiques ou encore des collègues. Pendant le mouvement des Gilets jaunes, les critiques les plus virulentes sur la conduite du maintien de l'ordre n'émanaient pas nécessairement de chroniqueurs ou de militants… mais de certains policiers et gendarmes. Le débat est présent dès la formation. Un jour, dans une école de police, j'ai assisté à une scène à propos des contrôles

« Ils se donnent des airs de durs, mais au fond, ce ne sont que des chatons » (1978). Les légendes sont traduites des notes du photographe ou de son livre *Police Work*.

d'identité et la manière de les mener. Les élèves se disputaient. D'un côté, les plus critiques disaient : *« Non, mais là, ça nous donne tous les pouvoirs, il ne faudra pas s'étonner des réactions. »* Et de l'autre, ceux qui ne comprenaient pas les réticences : *« Il faut arrêter cette victimisation à outrance. »* L'un des élèves a alors montré la Déclaration des droits de l'homme, accrochée au mur : *« Si on passait plus de temps à parler de la pratique que de la théorie, on deviendrait de meilleurs policiers. »* Évidemment, ce n'est pas la Déclaration qu'il remet en cause. Mais il exprime un besoin d'interroger les pratiques et d'en parler. Simplement, toutes ces critiques sont confinées dans des espaces restreints. En interne, les violences policières ne sont pas niées. Mais elles sont souvent rapportées au niveau supposé de violence des personnes qui sont en face et elles sont individualisées – selon le principe de la brebis galeuse.

En écho

Des personnes normales

La carrière du photographe américain Leonard Freed (1929-2006) décolle quand il suit dans les années 1960 le mouvement des droits civiques en compagnie de Martin Luther King. Dans les années 1970, après avoir rejoint l'agence Magnum, il s'intéresse à la police municipale de New York, confrontée à une montée en flèche de la criminalité et une baisse drastique de moyens. *« Ça m'a fasciné de constater à quel point les gens savent peu de choses sur la police, alors même qu'elle fait partie du quotidien, dans la vraie vie et dans les fictions télé »*, écrit-il en avant-propos de son livre *Police Work*, sorti en 1980, qui compile ce travail de plusieurs années. *« J'étais, et je suis toujours, marqué par l'idée que la police symbolise les efforts d'une société pour se contrôler elle-même. [...] Ce que j'ai vu, ce sont des personnes normales faisant un job parfois ennuyeux, parfois synonyme de corruption, parfois dangereux, désagréable et mauvais pour la santé. »*

« Les agents de la police montée raniment un homme retrouvé inconscient sur la voie publique » (1972).

Pourquoi la police garde-t-elle ces tiraillements secrets sur les déviances ?

Essentiellement parce que les violences policières sont perçues comme un problème secondaire, qui ne raconte qu'une infime partie de leur travail et de leurs problématiques quotidiennes. Les policiers estiment aussi que les critiques émanent de personnalités qui obéissent à un agenda politique et instrumentalisent donc ces affaires. À leur échelle, ils réagissent exactement comme un syndicaliste qui déplore que, sur une manifestation de 50 000 personnes, des journalistes ne s'intéressent qu'à la frange la plus radicale du cortège. Ce qu'il faut garder à l'esprit, c'est que la police n'est pas un corps homogène. De qui parle-t-on quand on dit « *la police* » ? Il y a des services et des aspirations fort différents. Certes, l'institution renvoie pendant des affaires médiatiques cette image de grande famille unie. Néanmoins, au quotidien, la solidarité entre policiers obéit à des logiques plus fines.

À quel niveau se situent ces logiques ?

Les années 1990 ont marqué un renforcement de la spécialisation au sein de l'institution. Cette évolution s'est accompagnée d'une réorganisation des grades et des statuts, de nouveaux objectifs et, plus encore, de la création de nouveaux groupes et de nouvelles brigades. Des missions sont devenues de plus en plus précises, en fonction des types de délits ou de crimes sur tel ou tel territoire – c'est ce qui amène par exemple une équipe d'un commissariat tout ce qu'il y a de plus banal à se spécialiser exclusivement dans les cambriolages. Ces transformations se sont traduites progressivement par le renforcement de la socialisation au sein de ces

« équipes », au détriment de celle qui s'effectuait plus largement au sein du commissariat.

Vous décrivez quasiment des bulles. Comment cela se traduit-il au quotidien ?

Élodie Lemaire, une consœur sociologue, a remarqué la raréfaction des pots dans des commissariats – les pots d'accueil ou encore les pots avant le week-end. Si, de prime abord, cela paraît anecdotique, cette évolution est instructive. Certes, les policiers s'identifient toujours fortement à l'institution qui les emploie. Mais, au quotidien, les normes et les pratiques professionnelles sont retravaillées en profondeur au sein de groupes de plus en plus nombreux et de plus en plus autonomes. Ces mécanismes s'observaient, autrefois, dans des unités d'intervention d'élite comme la BRI – la brigade de répression et d'intervention. Désormais, ils se retrouvent davantage dans le travail policier routinier, dans « *le commissariat du coin* ». On peut alors émettre l'hypothèse que ces transformations et ces nouvelles solidarités ont encouragé un effet d'auto-isolement des policiers vis-à-vis de la hiérarchie, et d'éloignement vis-à-vis des attentes d'ouverture émanant de la population.

Est-ce qu'il faut repenser ces spécialisations pour éviter les dérives sur le terrain ?

En 2020, quatre policiers ont passé à tabac Michel Zecler, un producteur de musique. La vidéo a été largement médiatisée, visionnée des millions de fois, et a donné lieu à de longs débats. De mon point de vue, une question se pose : au-delà du nombre d'agents participant aux violences, comment expliquer qu'il n'y en ait pas eu au moins un pour rappeler à l'ordre les trois autres ? L'hypothèse, c'est que certains liens professionnels, au sein d'une équipe, l'emportent sur la crainte des sanctions de l'IGPN ou l'impératif du respect du droit. S'il devait y avoir des évolutions à privilégier dans les pratiques policières, ce serait le travail sur ces liens de solidarité. Il s'agit de les comprendre, de les analyser et de permettre à des agents, à titre individuel, d'avoir des moments de réflexion sur leurs agissements quotidiens. Si les policiers ne sont pas impliqués dans la transformation de leurs propres pratiques professionnelles, il y a de fortes chances pour que l'action politique – les grandes réformes – ait peu d'effets.

Vous connaissez très bien l'IGPN. Cet organisme de contrôle, qui enquête sur les déviances dans l'institution depuis sa création en 1969, reste opaque pour le grand public. Certes, elle ne peut sanctionner. Mais pourquoi reste-t-elle si discrète quand des militants accusent la police d'être couverte quels que soient ses agissements ?

L'accusation selon laquelle l'IGPN couvre les policiers est ancienne. Cependant, elle prend une forme originale ces dernières années et cela rejoint votre question de départ : à mesure

> « Le terme « bavure » individualisait à l'excès l'action violente et empêchait une réflexion systémique. »

> **La peur installe certains policiers dans un rapport principalement antagonique, où ils considèrent que le terrain leur sera forcément hostile.**

que le contrôle de l'activité policière est devenu une problématique publique, l'IGPN s'est imposée comme objet de questionnement. Nous disposons de davantage de chiffres qu'auparavant concernant le traitement des affaires par l'IGPN [en 2021, elle a traité 1 093 affaires, qui ont débouché sur 37 condamnations en justice, ndlr]. Et puis, ce n'est plus un responsable policier qui la dirige, mais un magistrat – en l'occurrence, aujourd'hui, une magistrate, Agnès Thibault-Lecuivre. La différence n'est peut-être pas majeure, dans la mesure où elle a été conseillère justice du ministre de l'Intérieur et directrice adjointe de son cabinet. Malgré tout, c'est une évolution à souligner, l'institution s'est entrouverte. Concernant la discrétion médiatique de l'IGPN, ses officiers vous diraient que c'est un moyen d'être plus efficace.

Qu'entendent-ils par efficacité ?

En 2018, 151 élèves d'un lycée de Mantes-la-Jolie sont interpellés et mis à genoux par des policiers suite à des mobilisations étudiantes. Ce type d'affaire a de facto accentué la pression sur le rôle de l'IGPN. Et cela justifie, de son point de vue, de ne pas trop s'ouvrir pour pouvoir mieux enquêter. En interne, l'IGPN est toujours autant décriée. Les policiers n'ont pas du tout l'impression que l'inspection les couvre. Au contraire, elle est perçue comme un service qui manifeste, par sa seule existence, une atteinte à la solidarité professionnelle. De là, il serait faux d'affirmer qu'en raison de la relative clémence vis-à-vis des violences illégitimes à laquelle contribue l'IGPN, les policiers se sentiraient libres de se laisser aller à tous types d'excès. Individuellement, il peut certes arriver qu'un agent se dise, « *de toute façon, je peux y aller, je suis couvert, il ne m'arrivera rien* », mais ce n'est qu'exceptionnel. Plus exactement, ce n'est pas l'absence de crainte d'une sanction postérieure qui explique le passage à l'acte violent dans l'activité policière.

Le manque de moyens est un argument souvent brandi pour expliquer ce passage à l'acte violent. Est-il recevable ?

C'est une éventualité qu'on ne peut pas exclure, qui a été documentée et qui, parfois, est reprise par des agents au moment de certaines affaires. Au printemps dernier, lors des mobilisations contre la réforme des retraites, des policiers ont été mis en cause dans une affaire de violence à Paris. L'un d'eux a invoqué des vacations de quatorze heures, sans aller aux toilettes, pour justifier l'illégitimité de son action. Mais il faut élargir la focale pour comprendre les dynamiques qui rendent possible l'exercice de violences illégitimes. Dont la peur, qui n'est plus une expression taboue dans la bouche des policiers.

Comment se matérialise cette peur ?

Elle tient, aux dires des policiers, à l'intensification de l'hostilité que certains groupes lui voueraient depuis une décennie.

Non seulement dans les quartiers populaires, mais aussi dans le cadre de manifestations où des agents se retrouvent face à des militants écologistes ou des black blocs. Au vrai, savoir si l'hostilité croissante imputée par les policiers à leurs adversaires est réelle ou projetée est quasi secondaire. Ce sont les effets qui importent: cette peur installe un certain nombre de policiers dans un rapport principalement antagonique, où le postulat est que le terrain, quel qu'il soit, leur sera hostile.

Il y a un paradoxe. Depuis les attentats de 2015, la police n'a jamais semblé aussi populaire. Après le carnage du Bataclan, ils ont été applaudis.

Il y a vingt ans, alors que je travaillais sur l'IGPN, j'ai eu une discussion avec un commandant se plaignant du désamour à l'endroit des policiers. Je lui ai fait valoir que les baromètres d'opinion disaient le contraire et que les fictions héroïsaient régulièrement la police. Sa réponse? «*Demain, on va vous donner un uniforme et vous envoyer contrôler des gens sur un trottoir. On en reparlera, de l'amour.*» C'était sa façon de rappeler la dureté de la rue pour nombre d'agents. Ce ressenti n'a pas fondamentalement changé.

Après 2015, l'année 2016 semble avoir constitué une séquence décisive dans ce champ du ressenti: l'assassinat de deux policiers à Magnanville, le jet de cocktails Molotov sur des voitures de police à Viry-Châtillon, l'affaire du quai de Valmy dans le cadre des manifestations contre la loi travail, l'attentat de Nice. Ces faits sont certes de natures très différentes. Mais, mis

«Une policière joue avec des gamins du quartier, à Harlem. Enceinte peu de temps après cette photo, elle sera assignée à un travail de bureau le temps de sa grossesse» (1978).

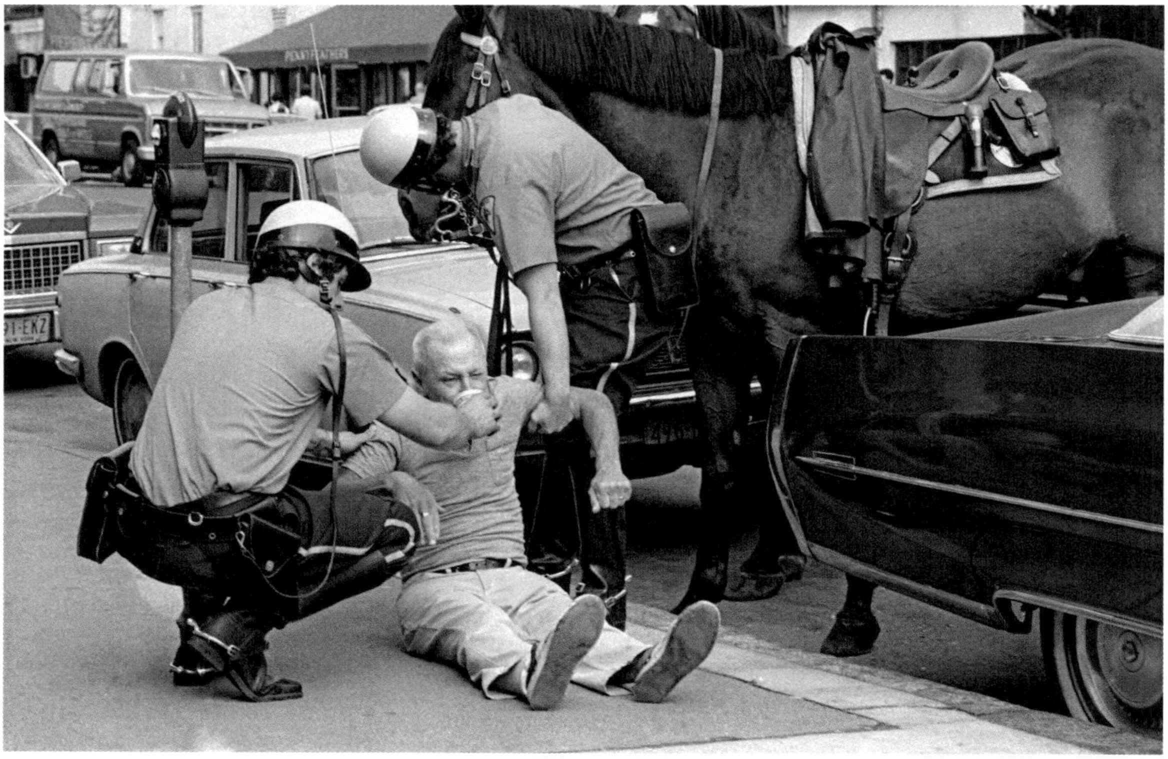

« Cet homme a été retrouvé allongé par terre dans la rue. Il sera envoyé à l'hôpital » (1978).

bout à bout, ils ont pu être compris par des policiers comme les symptômes d'une hostilité et d'une violence croissantes. Quelque chose a évolué néanmoins : il y a cinquante ans, les agents n'en avaient que faire de savoir s'ils étaient appréciés ou pas. C'est moins le cas aujourd'hui. Comme dans d'autres domaines professionnels, la demande de reconnaissance est allée en grandissant. C'est pourquoi les marques d'affection ou au contraire, d'hostilité, prennent une autre résonance.

Est-ce dû au renouvellement générationnel ?

En partie, oui. La police n'est pas une institution hermétique aux transformations de la société. Un certain nombre d'anciens affirment que les agents les plus jeunes sont moins enclins à sacrifier leur vie privée. Comme dans d'autres métiers. Simplement, cette aptitude au sacrifice était, auparavant, un critère de compétence professionnelle. Des responsables le constatent : il est de plus en plus difficile de demander à un agent de disparaître cinq jours d'affilée de chez lui – pour une planque, par exemple. La crise sanitaire semble avoir confirmé cette tendance. Durant cette période, certains jeunes agents ont pris plus de précautions et refusé de mettre leur santé en danger dans certaines missions – le Covid-19 était perçu comme un risque qui allait au-delà de leurs attributions. Ce n'est pas tant que « *les nouveaux* » veulent moins travailler. Seulement, ils sont plus sensibles à l'idée de respecter un cadre.

Les mobilisations contre la loi travail en 2016 sont considérées comme un tournant par nombre de militants. Une sorte de durcissement de la police dans la gestion des manifestations.

Il faut toujours rester prudent vis-à-vis de ce genre de généralisation et de comparaisons entre les époques. Dans mes travaux actuels, je reviens sur deux manifestations qui ont eu lieu en 1994 (une de pêcheurs et une contre une réforme sociale) et, dans le détail des affrontements, les différences avec des manifestations plus récentes ne sautent pas aux yeux. Pour ceux qui s'intéressent à la thématique, les années 1980-1990 sont considérées comme une époque de pacification relative. Mais, dans ces manifestations de 1994, le service d'ordre syndical est rapidement débordé, des manifestants ayant recours à la casse affrontent le service d'ordre, puis les forces de l'ordre. Des magasins sont pillés. Des images de policiers, poursuivant à moto des manifestants isolés dans des rues avant de les tabasser sont diffusées au journal télévisé, avant une allocution du ministre de l'Intérieur.

Sociologues et historiens cherchent plutôt l'accroissement de la violence des forces de l'ordre au début des années 2000, avec le début des manifestations altermondialistes et les révoltes de 2005 dans les quartiers populaires. Cependant, si on se place du point de vue de la police, un certain nombre de responsables évoquent un accroissement notable de la violence chez les manifestants au cours des affrontements à Notre-Dame-des-Landes puis à Sivens en 2014, où Rémi Fraisse a été tué par l'explosion d'une grenade. Quantifier le niveau de violence ne suffit pas nécessairement pour comprendre pourquoi le maintien de l'ordre en France est aujourd'hui en crise.

Sous-entendez-vous que la police n'est pas plus brutale qu'avant?

Travailler sur la police, c'est prendre en compte les évolutions historiques, mais aussi l'état de la société dans laquelle elle agit. Il serait imprudent d'affirmer que c'était pire hier ou bien mieux avant. Nous n'avons pas beaucoup de données chiffrées et consolidées pour le démontrer avec certitude. De surcroît, les équipements et les méthodes ont évolué. En 1994, il n'y avait pas de LBD [lanceurs de balles de défense, communément appelés « flashballs », ndlr] et de facto, pas non plus les blessures graves que ces armes peuvent provoquer. L'usage immodéré des grenades de désencerclement et offensives de ces dernières années est aussi relativement inédit. Encore que : c'est une grenade offensive qui a provoqué la mort de Vital Michalon, un enseignant, lors d'une mobilisation écologiste en 1977 contre le nucléaire. À mon sens, c'est la société dans son ensemble qui a évolué sur ces questions.

« Il y a cinquante ans, les agents n'en avaient que faire de savoir s'ils étaient appréciés ou pas. Aujourd'hui, la demande de reconnaissance s'est accrue. »

Au sens du seuil de tolérance vis-à-vis de certaines pratiques?

Des usages de la force qui faisaient relativement peu scandale à une certaine époque sont désormais considérés comme problématiques. Le gaz lacrymogène est un bon exemple: utilisé de manière légitime ou pas, il faisait encore partie, au début des années 2000, d'un risque «normal» pour des militants, même les plus chevronnés. Aujourd'hui, son usage est un débat en soi. On pourrait avoir le même raisonnement pour la gifle en garde à vue. Elle ne suscitait que peu d'émoi il y a quarante ans. Aujourd'hui, elle serait compliquée à justifier, même sur des plateaux télévisés où des invités prennent des positions radicales. Étudier les transformations du maintien de l'ordre au cours d'une mobilisation, c'est s'intéresser au contexte social. Quelles sont les attentes en la matière? Celles d'un citoyen, mais aussi celles d'un policier. En cela, les attentes mutuelles sont devenues plus importantes au fil des années.

> « La gifle en garde à vue ne suscitait que peu d'émoi il y a quarante ans. Aujourd'hui, elle serait compliquée à justifier. »

Quelles sont les attentes de la police?

Dans la gendarmerie mobile, des cadres m'ont expliqué que les jeunes recrues avaient parfois du mal à rester stoïques face aux insultes ou aux jets de projectiles pendant les manifestations. Rester impassible a longtemps été considéré, dans les forces spécialisées du maintien de l'ordre, comme un gage de qualité professionnelle et une force. Certaines jeunes recrues n'acceptent plus les atteintes physiques, ou moins. Leurs attentes ont augmenté: ils réclament plus d'auto-contrainte – au sens de retenue – de la part des manifestants. Or, plus les attentes d'auto-contrainte sont élevées entre policiers et manifestants, plus des situations risquent de dégénérer, quand les uns ou les autres pensent que le contrat n'est pas rempli. Aujourd'hui, quand ces jeunes recrues chargent un groupe, leurs cadres peuvent avoir plus de mal à les retenir.

La crise des Gilets jaunes, fin 2018, n'est-elle pas un contre-exemple? Des manifestants, parfois d'un certain âge, qui n'avaient rien de dangereux, ont pris des coups ou subi des tirs de LBD. Pendant des mois, des affaires de violences policières ont essaimé.

La séquence des Gilets jaunes constitue une crise à part entière, qui a eu peu d'équivalent ces dernières décennies et dont on n'a pas encore suffisamment pris la mesure. Mais ce n'est pas un contre-exemple. Au contraire, c'est un moment où se rejoignent tous les points que nous abordons: la conflictualisation accrue, les effets de la peur de part et d'autre, les attentes croissantes en matière d'auto-contrainte. 2018 est une année intéressante. En mai, soit quelques mois avant la première mobilisation des Gilets jaunes, Michel Delpuech, le préfet de Paris, accorde un entretien au *Monde* dans lequel il évoque des stratégies de désescalade. Si on reprend l'article,

« La patrouille de police à scooter » (1978).

il dit : « *Nous ne sommes pas dans une logique d'affrontement a priori et je joue le jeu de la confiance. Les organisations syndicales déclarent une manifestation, et nous garantissons ce droit. Elles vivent assez mal la pression que peut constituer la présence au contact de forces. C'est pourquoi je suis aussi assez réservé sur l'utilisation d'un hélicoptère. Et je demande à ce qu'on n'utilise pas le LBD.* »

Pourquoi cette stratégie n'a-t-elle pas tenu ?

Le mouvement des Gilets jaunes à l'automne 2018 a chamboulé cette réflexion. Et le samedi 1er décembre, à Paris, les gouvernants ont eu peur – des médias évoquent « *la prise de l'Arc de Triomphe* ». L'exécutif exige alors des responsables policiers qu'ils proposent, dans la semaine, des solutions fortes. D'où la création des détachements d'action rapides, qui sont fondus, en mars 2019, dans les Brav, puis Brav-M – la brigade de répression de l'action violente motorisée – dont le sigle revient aujourd'hui souvent dans les dénonciations de violences policières.

La Brav-M a même fait l'objet d'une pétition citoyenne pour sa dissolution, déposée à l'Assemblée nationale, qui a recueilli plus de 260 000 signatures. Y a-t-il eu un écho au sein de l'institution policière ?

Les CRS et les gendarmes mobiles ont fait valoir à de multiples reprises qu'ils étaient les mieux formés pour gérer des crises comme celle des Gilets jaunes. Ils ont des décennies d'expérience. En interne, ils l'ont dit : s'ils avaient été mobilisés, ils assurent que le maintien de l'ordre aurait été tout autre – notamment en matière d'utilisation d'armes sublétales comme le LBD, dont l'usage fut au cœur des débats et des polémiques. Les responsables de l'institution policière ont aussi rappelé qu'une crise sociale ne se résout pas avec la police. XXI

COUVERTURE

Antoine Moreau-Dusault

Quintin Leeds, le directeur artistique de *XXI*, voulait du mouvement, un style cursif. Le crayon gras s'est imposé naturellement. J'ai travaillé dans l'urgence et sans reprises, avec la B.O. de *La Mort aux trousses* dans les oreilles. *Thank you* Bernard Herrmann !

Ils trompent l'œil de Minsk

Arthur Sarradin

« Tu as vu ce qu'il s'est passé au Bélarus ? » Une amie à Beyrouth trouve que la révolution libanaise tourne en rond, et elle a le contact de la présidente bélarusse en exil. Pourquoi ne pas sortir du Liban et recueillir ailleurs d'autres leçons des soulèvements ? Le début d'une longue quête dont cet article fut la première étape.

Julia Plath

Cette histoire a résonné en moi, car j'ai des amis qui ont été directement concernés par la dictature de Loukachenko. Dans mes illustrations, j'ai voulu souligner la peur que les despotes sèment au-delà des frontières de leurs pays, mais aussi figurer l'espoir incarné par une communauté.

Alma, ma terre

Ramsès Kefi

En 2014, j'ai couvert un fait divers sordide à l'Alma, dans le nord de Roubaix. J'ai été étrangement fasciné par ce quartier à l'architecture unique, décrit à la fois comme un ghetto dur et un lieu historique de luttes ouvrières.

Jérôme Meyer-Bisch

J'avais entendu parler du quartier de l'Alma, mais son architecture et ses habitants m'étaient inconnus. Ce reportage m'a dévoilé les enjeux menaçant sa pérennité, mais aussi des solidarités, des engagements et des histoires. Il m'a donné des envies de mise en scène, avec des rapports d'échelles importants et bien sûr la couleur de la brique.

Une bande à part

Clément Fayol et Antoine Harari

Depuis 2022 et l'invasion de l'Ukraine, la Moldavie comme l'UE a pris des mesures restrictives visant les personnes et partis politiques supposés proches de Moscou. Et pourtant rien concernant la base militaire de Cobasna, où sont stockées 20 000 tonnes de munitions, officiellement sur le territoire moldave. Un paradoxe intrigant qui nous a poussés à aller voir de plus près.

Thomas Rouzière

J'ai constitué un nuancier inspiré du drapeau transnistrien, dont le vert et le rouge – en plus de correspondre à l'uniforme de parade représenté en ouverture – permettent aussi bien d'évoquer l'héritage soviétique du territoire, que le Kremlin dont l'influence subsiste encore.

Décédé, il menait grand train

Clara Hesse

J'aime raconter des histoires et ce le-ci réunit tous les ingrédients pour en faire une bonne : un château tout droit sorti d'un conte de fées, un mort ukrainien ressuscité en Bourgogne et une opération de blanchiment super sophistiquée. Un récit taillé pour *XXI* !

Benoît Hamet

Illustrer cet article m'a replongé dans des univers cinématographiques familiers, un peu de *Frankenstein* avec le serviteur lourdaud et naïf, un méchant venu d'un *007* ou d'un *Fantômas*, et enfin l'absurde d'un Alberto Sordi. Tout cela ne pouvait que mal se finir !

PORTFOLIO

Chasse gardée

Tiina Itkonen

Finlandaise installée à Helsinki, je photographie depuis 1995 les Inuits du nord-ouest du Groenland. Je documente en ce moment la vie traditionnelle des chasseurs, un mode de vie unique qui est menacé de disparaître pour toujours. Avec mes photos, j'espère partager la beauté de l'Arctique, et alerter sur la fragilité des régions polaires.

LA VOIX EST LIBRE

« La grotte est un pilier auquel je me raccroche »

Elsa Fayner

Quand une amie photographe au Pays Basque m'a parlé de cette femme qui avait hérité d'une grotte préhistorique, ça m'a tout de suite intriguée. J'ignorais que des particuliers pouvaient en posséder. Cette femme-là avait l'air, disait mon amie, habitée, investie d'une mission, mélange de volonté de faire passer la mémoire, de faire marcher le tourisme et de vivre sur un terrain de famille.

Marie Nortier

En lisant ce témoignage, je me suis sentie comme cette petite fille qui aimait jouer dans la grotte et qui, devenue femme, nous parle de la grande histoire à travers celle de sa terre ! J'ai imaginé une ambiance aux couleurs chaudes, pour une grotte accueillante et mystérieuse qui offre de belles découvertes.

Les sous-traitants de la gachette

Olivier Liffran et Joan Tilouine

Il faut s'armer de patience pour faire parler des militaires privés en opération. Nous avons fini par les rencontrer à Goma, d'où nous avons sillonné la zone, croisant acteurs armés et victimes de cette guerre.

Benjamin Van Blancke

Vivant à Bruxelles, ville marquée par son histoire coloniale avec le Congo, je me suis passionné pour ce sujet épineux. Le dessin de reportage est une expérience nouvelle pour moi. Elle me touche car c'est l'occasion de mettre en lumière ceux qui le sont rarement.

Les tribulations du palmier solitaire

Virginie de Rocquigny

Je n'aurais jamais pensé qu'un rendez-vous au Conservatoire botanique de Brest, à cinq minutes de vélo de chez moi, me conduirait jusqu'à l'île Maurice, où le palmier solitaire incarne les enjeux de la préservation des espèces végétales.

Antoine Maillard

J'ai voulu donner une dimension vénérable à ce palmier survivant, comme un vestige architectural antique perdu au milieu d'une épaisse forêt. Je voulais qu'on le voie comme quelque chose de précieux.

Les champs de la discorde

Marion Touboul

L'histoire de ce paysan et sa fille n'a rien d'unique, mais souvent elle est tue. Trop intime, trop douloureuse. J'ai voulu dévoiler cette face cachée du monde rural : les désirs et les frictions qui émergent quand une ferme change de mains. Anatomie d'une transmission.

Guillaume Reynard

Dans ma pratique quotidienne, je quitte parfois mon atelier pour aller m'exercer au grand air. C'est à partir de carnets champêtres que j'ai composé les images de cette touchante histoire.

BANDE DESSINÉE

Gangs of papys

Brendan Kemmet

J'ai voulu raconter une époque et un environnement à travers un personnage singulier. « L'armurier de la banlieue sud » a équipé des dizaines de braqueurs issus de la ceinture rouge parisienne et se confie pour la première fois.

Rica

Je ne voulais pas romantiser la figure du gangster, mais y injecter du charnel, du concret et profiter de la liberté graphique offerte par *XXI* pour rendre compte d'une réalité complexe.

RENCONTRE

« L'institution policière est tiraillée par des débats profonds »

Ramsès Kefi

J'avais déjà interviewé Cédric Moreau de Bellaing. Passionnant, mais trop court. Nous nous étions promis de prendre le temps de revenir sur ce sujet si complexe. C'est chose faite.

Olivier Dangla

Le portrait s'esquisse couches après couches, réminiscence de visages croisés. Un lien affectif se crée pour un inconnu, qui semble étrangement proche.

« Unir nos expertises : reportage et investigation »

Une publication mythique. La création de la revue *XXI,* début 2008, consacra une véritable innovation journalistique, reflet du siècle dont elle porte le nom. À la fois pleinement dans son temps et savamment décalée. En reprenant cette publication quinze ans plus tard, fin 2023, alors qu'elle était en redressement judiciaire, nous étions bien conscients, chez Indigo Publications, de la responsabilité qui nous incombait.

Avons-nous hésité ? Oui, bien sûr. Nous venons d'un autre univers. Indigo Publications, né en 1981, cumule plus de quarante ans de presse d'investigation, essentiellement à destination de publics spécialisés, francophones et anglophones, répartis dans le monde entier*. Alors que nous avons créé notre premier site internet dès 1995, nos publications quotidiennes sont passées depuis longtemps au tout numérique. Et voilà que nous nous proposons de reprendre une publication trimestrielle grand public, uniquement imprimée.

L'évidence s'est cependant vite imposée. Avec *XXI,* nous partageons les mêmes valeurs : une farouche indépendance éditoriale fondée sur une totale indépendance économique, et l'absence de toute publicité. Nous avons donc décidé d'unir nos expertises. Celle du grand reportage au plus près du terrain, et celle de l'investigation au cœur des pouvoirs les plus puissants. Celle de la diffusion en librairie et celle de la publication en ligne.

Un nouveau média, Revue21.fr. Nous avons lancé notre site internet le mois dernier et vous invitons à le découvrir dès à présent. Chaque semaine, nous creusons un sillon, en approfondissant une thématique à travers plusieurs formats. Désormais, *XXI* se décline donc en deux temporalités : trimestrielle, pour la revue, hebdomadaire, pour notre site. Ces deux moments de lecture se complètent en fonction du temps dont vous disposez, de votre humeur, de vos habitudes.

Place au photojournalisme. Lors de notre reprise, *XXI* était accompagnée de *6Mois,* créée en 2011 par les mêmes fondateurs. Nous avons été vite convaincus que la migration numérique de cette revue dédiée au photojournalisme et son intégration dans Revue21.fr constitueraient un enrichissement pour les deux médias. En intégrant, deux fois par semaine, photos et portfolios au site de *XXI,* nous avons souhaité garder les spécificités et l'esprit de *6Mois,* référence mondiale du photojournalisme.

Un nouvel élan avec *XXI*. Rompre avec les préjugés, penser contre soi-même, s'ouvrir à la complexité du monde, élargir nos horizons : voilà, chers lecteurs, le voyage que nous souhaitons faire avec vous au cours des mois et des années qui viennent. Notre objectif : apporter du sens aux flux d'informations chaotiques qui nous submergent et aider à déchiffrer notre époque. Notre souhait : vous faire rêver en espérant que vous passerez, à notre lecture, un moment à la fois agréable et enrichissant. Nous espérons être à la hauteur de cette exigence.

MAURICE BOTBOL, PRÉSIDENT D'INDIGO PUBLICATIONS, DIRECTEUR DE LA RÉDACTION DE *XXI*

* Indigo Publications édite : *La Lettre, Intelligence Online, Africa Intelligence, Glitz.paris.* La revue *XXI* est publiée par Indigo Éditions, filiale à 100 % d'Indigo Publications.

N° 34

Secrets de fabrication

QUINTIN LEEDS EST LE DIRECTEUR ARTISTIQUE DE *XXI*. AUTREMENT DIT, C'EST LUI QUI DANS L'ÉQUIPE *« EST RESPONSABLE DE TOUT CE QUI SE VOIT »*. PILIER DE LA REVUE DEPUIS SES ORIGINES, IL A PARTICIPÉ À LA CONCEPTION DES DIFFÉRENTES FORMULES DE *XXI*.

Comment est venue l'idée de dessiner des frises à l'intérieur de la couverture ?

D'habitude, dans les magazines, ces pages sont dédiées à la pub. Proposer quelque chose de graphique à cet endroit me paraissait une bonne idée. J'étais tombé par hasard sur *The Believer,* une revue américaine qui reproduisait des papiers marbrés comme dans les livres anciens. Le procédé permet d'obtenir des formes aléatoires en projetant des encres à la surface d'un bain. Là, il ne s'agissait pas de reprendre cette référence, mais de s'en inspirer en imaginant un motif différent à chaque numéro. Au début, c'était un pictogramme carré, inséré dans la maquette. Un motif un peu western, pioché dans une police de caractères, la Woodtype Ornament, et utilisé en lettrine pour marquer le début de certains articles jusqu'au numéro 48 de la revue. Le premier « papier peint » de *XXI* était né.

Ce qui n'était qu'une inspiration spontanée est devenu un principe au fil des années ?

L'ambition était de changer de picto pour le début des articles à chaque numéro, mais la tâche s'avérait plus ardue que je ne l'imaginais ! Dès le deuxième numéro, on a donc gardé et inséré ce carré dans le « papier peint » de chaque numéro, mais progressivement en le cachant de plus en plus. C'est devenu un jeu avec l'équipe maquette et le secrétariat de rédaction : chacun essayait de deviner où il se trouvait. Quand nous avons changé de formule à partir du numéro 49, en 2020, le carré n'a pas été conservé dans la nouvelle maquette, il a logiquement quitté les « papiers peints ». Je l'ai repris pour le numéro du printemps 2023, pour rappeler les premières éditions de la revue.

Combien de temps mettez-vous à fabriquer ces « papiers peints » ?

Je suis toujours un peu à l'affût de motifs dont je pourrais m'inspirer ! En pratique, la réalisation d'un « papier peint de *XXI* » me prend environ une demi-journée. Pour celui du numéro 26, je suis parti d'une couverture d'un disque des Rolling Stones, pour celui du numéro 35, d'un disque punk des années 1980. J'ai travaillé aussi à partir d'une photo d'une fresque de Sienne pour le numéro 38. J'ai eu mes périodes, « textile », « florale », puis « techno ». La couverture du hors-série des 10 ans de *XXI* est un best-of de ces différents motifs. Ma préférence va au papier peint du numéro 34 ! XXI

PROPOS RECUEILLIS PAR CATHERINE DE COPPET

XXI
REVUE21.FR

10, rue de la Fontaine-au-Roi, 75011 Paris
www.revue21.fr – Contact rédaction :
01 44 88 26 12 / redaction@revue21.fr

Directeur de la publication :
Quentin Botbol (qbotbol@indigo.fr)

Directeur de la rédaction :
Maurice Botbol (mbotbol@revue21.fr)

Rédactrice en chef :
Elsa Fayner (efayner@revue21.fr)

Rédactrice en chef adjointe :
Catherine de Coppet
(cdecoppet@revue21.fr)

Chef d'enquête :
Clément Fayol (cfayol@revue21.fr)

Coordinateur du site internet :
Rémi Bayol (rbayol@revue21.fr)

Directeur artistique :
Quintin Leeds

Graphiste :
Éléonore Nicolas

Directrice de la photo :
Martina Bacigalupo

Chefs d'édition :
Frédéric Migeon
Élodie Ratsimbazafy

Correctrice :
Éléonore Siboni

Illustration de couverture :
Antoine Moreau-Dusault

Cartographie :
Alexandre Nicolas

Photogravure :
Apex Graphic

Marketing :
Anaïs Benguigui
(abenguigui@revue21.fr)

Communication numérique :
Sonia Reveyaz (sreveyaz@revue21.fr)

Coordination commerciale :
Marie Le Flahec (mleflahec@revue21.fr)

Responsable administrative :
Catherine Kintz (kintz@indigo.fr)

Service abonnement :
XXI / TBS, 6 rue d'Ouessant, CS 38272,
35768 Saint-Grégoire cedex
01 76 44 02 42 – abo@revue21.fr
S'abonner sur www.revue21.fr

Édité par Indigo Éditions
10, rue de la Fontaine-au-Roi, 75011 Paris
Président : Maurice Botbol

Impression et façonnage :
Imprimerie Pollina – ZI de Chasnais
85407 Luçon Cedex France

PEFC
10-31-2065

Papier 100 % PEFC.
Provenance : Suède
Taux de fibres recyclées : 0 %
Impact sur l'eau : Ptot 0,051 kg/t

Commission paritaire : 0725 D 89299
ISSN 1960-8853 – ISBN 978-2-35638-176-7
Dépôt légal : mars 2024

Ce numéro comporte un marque-page.

N° 26

HORS-D'ŒUVRE

Terre et grand-mer

TOUS LES TROIS MOIS, UNE AUTRICE OU UN AUTEUR PASSE EN CUISINE POUR ÉVOQUER UN METS AU CŒUR DE SON ŒUVRE. SIMONE ET OLIVIER VANDROUX, COUPLE DE PLUME ET DANS LA VIE, DÉCORTIQUENT, DANS LE DERNIER ÉPISODE DE LEUR SÉRIE DE POLARS « BRETZEL ET BEURRE SALÉ », LA CHOUCROUTE DE LA MER.

«*La première fois que j'ai mangé de la choucroute de la mer, c'était deux jours après notre mariage, chez ta tante, tu te souviens ?*» Chez Olivier et Simone Vandroux, la cuisine comme l'écriture sont une histoire de dialogue permanent : leurs idées et envies naissent en rando, en voiture ou encore sur un coin de table quand monsieur est aux fourneaux – c'est-à-dire souvent. À l'origine, c'est lui, le fan de polars qui écrivait des thrillers, que sa femme a d'abord édités. Un goût commun pour les bonnes histoires et les bons petits plats qui a pris un autre tour quand Simone a découvert le «*cosy mystery*», style de polar anglo-saxon non violent et teinté d'humour, dans le droit fil d'Agatha Christie. «*J'ai adoré les livres de Julia Chapman, je me suis dit que ce style correspondrait bien à ce qu'Olivier pouvait écrire*», raconte-t-elle. Son mari accepte, à condition qu'elle prenne aussi la plume. En 2020, le couple d'ingénieurs installés à Grenoble depuis leurs études, l'époque où ils se sont connus, se lance dans l'écriture à quatre mains. Ils ont alors 55 ans.

En découle une série de polars signés Margot et Jean Le Moal, «Bretzel et beurre salé», qui met à l'honneur la gastronomie de leurs régions – elle est alsacienne, lui d'origine bretonne. La série tire son nom du restaurant de l'héroïne, Cathie Wald, Strasbourgeoise installée dans le village balnéaire de Locmaria, qui aurait pu être réel mais est ici complètement fictif, et dont la spécialité est la flammekueche, tarte flambée de l'Est français. À chaque épisode, Cathie se retrouve à élucider des faits divers locaux et toujours cocasses.

Le cinquième tome, *Bien mal acquis ne profite jamais* (éd. Calmann-Lévy, février 2024), qui se concentre sur le meurtre d'un découvreur de menhir, débute chez le poissonnier. La restauratrice, qui écrit par ailleurs des best-sellers sous pseudonyme (elle aussi), a décidé d'inscrire la choucroute de la mer au menu. «*Un soir par semaine, Cathie Wald fait des soirées à thème, avec un plat unique*», précise Simone Vandroux. Mais cette fois, l'héroïne ne maîtrise pas la recette, et compte sur la sélection de son fournisseur pour ravir ses convives – les deux services prévus affichant déjà complet.

Grève contre le saumon

Variation autour du plat emblématique d'Alsace, la choucroute du pêcheur se compose du traditionnel chou mariné, de pommes de terre et de trois poissons : «*On met du haddock, pour le côté fumé qui évoque celui du lard, et deux autres poissons, souvent du saumon et un poisson blanc comme le flétan*», explique Olivier Vandroux. «*Cette scène était un moyen de présenter Cathie, qui passe au second plan après, mais aussi la Bretagne, avec l'ambiance du port.*» Et de marquer le retour de la choucroute qui, dans sa version classique, était responsable, dans le premier tome de la série, d'un empoisonnement fatal.

Toute la saveur des récits se trouve là : faire évoluer les personnages dans une atmosphère typiquement bretonne, à l'occasion de repas alléchants ou au café du coin, autour d'un verre de gewurztraminer vendanges tardives. « *Nous voulions mettre les deux cultures face à face, nous amuser* », explique Olivier Vandroux. Situer les intrigues en Bretagne était évident pour ces passionnés de littérature : « *Olivier n'a plus de famille sur place, mais on s'y rend tous les étés. On s'est dit, "on connaît, on maîtrise, on va pouvoir se faire plaisir sans fausse note".* » La choucroute de la mer quant à elle a été inventée en 1972 par Guy-Pierre Baumann, chef de la maison Kammerzell, institution strasbourgeoise : « *Il voulait qu'on puisse en manger l'été* », précise l'ingénieur breton. Cela correspond également aux habitudes alimentaires de la région : « *Pendant longtemps, on trouvait du saumon dans le Rhin. Mon père racontait même que les ouvriers de la ville avaient fait grève car ils en avaient marre d'en manger* », poursuit Simone qui, enfant, a baigné dans les plats locaux confectionnés par sa grand-mère. C'est sa belle-mère qui a fait découvrir le baeckeoffe à Olivier, cette terrine de pommes de terre et viandes marinées. Il la cuisine, mais pas la choucroute de la mer. Celle-ci, les deux complices se l'offrent au restaurant. « *On a enfin goûté celle de Kammerzell avec mes parents il y a deux ans,* lâche Simone Vandroux. *Et à Paris, on fait régulièrement un détour par L'Européen, devant la gare de Lyon, pour en déguster !* » XXI

CATHERINE DE COPPET — ILLUSTRATION LAURA KIENTZLER

Ingrédients pour 4 personnes

Pour le chou et l'accompagnement :
1,2 kg de choucroute déjà préparée – sel, poivre – 20 cl de sylvaner – 8 belles pommes de terre

Le poisson :
400 g de filets de haddock – 400 g de filets de saumon – 400 g de filets de cabillaud ou de merlan – 16 petites langoustines – Un court-bouillon

Pour l'assaisonnement et le dressage :
Un beurre blanc – Quelques brins d'aneth

La recette

Cuire à la vapeur les pommes de terre épluchées.

Réchauffer la choucroute en y ajoutant le vin blanc.

Dessaler le haddock en le passant sous l'eau froide, puis le pocher pendant dix minutes dans un mélange d'eau et de lait. Réservez au chaud.

Plonger les langoustines dans le court-bouillon frémissant pendant quatre minutes. Les mettre sur une assiette à refroidir. Elles seront servies tièdes.

Dans le même court-bouillon, cuire le saumon et le cabillaud pendant dix minutes. Réserver au chaud.

Préparer le beurre blanc.

Servir le plat à l'assiette. Déposer la choucroute, puis les morceaux de poissons et napper de beurre blanc. Disposer ensuite 4 langoustines. Décorer avec quelques brins d'aneth.

VIEILLES BRANCHES

« L'arbre où on parlait français »

UN HOMME, UN ARBRE. LE NOM DE FAMILLE DE BEÑAT, C'EST NEGUELOUA, MAIS TOUT LE MONDE L'APPELLE « APETX », DU NOM DE SA MAISON, COMME C'EST LA PRATIQUE AU PAYS BASQUE. « LE GRAND CHÂTAIGNIER » POURRAIT ENCORE MIEUX LE DÉSIGNER, TANT CELUI-CI A ABRITÉ SES SECRETS.

Il se trouvait devant la maison de mes parents, comme il y en avait devant toutes les fermes ici. Mais celui-ci était énorme. Il devait être là depuis des siècles – la maison date de 1674, c'est un ancien presbytère sur un chemin de Saint-Jacques-de-Compostelle. Nous étions cinq frères et sœurs et, petits, on n'arrivait même pas à en faire le tour en se tenant par la main. C'était notre refuge, notre petit coin secret. Le grand-père y avait monté des balançoires et une cabane. On grimpait aux branches. L'été, il y faisait frais.

À la maison, on ne parlait que le basque mais, sous l'arbre, des mots en français, fraîchement appris à l'école, nous échappaient. On découvrait la langue. On s'échangeait des expressions nouvelles, les chansons de l'époque. Je me souviens de « Il était un petit navire ». Ce châtaignier est devenu l'endroit où on s'est mis à parler le français.

Les grands-parents vivaient avec nous et la grand-mère préparait les châtaignes bouillies au goûter. Exceptionnellement, on avait l'autorisation de jeter les peaux partout dans la cuisine, à condition de balayer. Dans mon enfance, les trois derniers mois de l'année, c'était encore la base de l'alimentation pour les vaches, les brebis, et pour nous, à l'image des générations qui nous ont précédés. Tous les soirs, soupe de légumes, marrons grillés, un bol de lait et au lit ! La famille cultivait, un peu plus loin, deux châtaigneraies. On ramassait les fruits, dont on retirait les bogues, et on les vendait à l'automne avant l'agnelage. Dans notre village, on en comptait plusieurs variétés. C'était une source de revenus indispensable.

Et puis, petit à petit, on a délaissé le grand arbre. Les frères et sœurs sont partis un à un, et j'ai repris la ferme. À leur tour, mes enfants ont joué sous ses branches. Eux, ils y parlaient le basque. Avec des copains de la vallée, on a monté une *ikastola*, une école pour qu'ils étudient dans cette langue. Pour financer le projet, on a vendu des semis de hêtres, que les gens pouvaient mettre en terre chez eux ou, s'ils habitaient en ville, que l'on plantait sur nos fermes à leur place. J'en ai installé une dizaine autour du châtaignier. Tant que celui-ci était bien costaud, les petits hêtres ont végété, sans lumière. Et puis, un jour, il y a trois ou quatre ans, notre grand arbre a arrêté de sortir des feuilles. Une maladie, dont je n'ai pas retenu le nom – c'était en latin, pas en français. La frondaison de ses voisins a alors explosé. Mes enfants l'ont délaissé pour se retrouver sous les nouveaux plantés.

Pendant mes dix dernières années de travail, je me suis occupé de la ferme avec mon fils et mes neveux. À ma retraite, ils ont repris l'exploitation, les quatre cents brebis et la quarantaine de vaches. Mais la culture de la châtaigne est désormais délaissée dans la région, sa valeur a baissé. C'est un revenu que la vente directe de viande et la fabrication de fromage ont remplacé. On a fini par couper notre châtaignier. Il ne donnait plus d'ombre ni de fruits. Nos histoires sont parties avec.

PROPOS RECUEILLIS PAR ELSA FAYNER
ILLUSTRATION LÉA TAILLEFERT